Seguridad en internet y dispositivos móviles. IFCT89

Roberto Pérez Huguet

ic editorial

Seguridad en internet y dispositivos móviles. IFCT89
© Roberto Pérez Huguet

1ª Edición

© IC Editorial, 2025

Editado por: IC Editorial
c/ Cueva de Viera, 2, Local 3
Centro Negocios CADI
29200 Antequera (Málaga)
Teléfono: 952 70 60 04
Fax: 952 84 55 03
Correo electrónico: iceditorial@iceditorial.com
Internet: www.iceditorial.com

ISBN: 978-84-1184-545-8
Depósito Legal: MA 64-2025

Impresión: PODiPrint
Impreso en Andalucía – España

Nota de la editorial: IC Editorial pertenece a Innovación y Cualificación S. L.

Especialidad formativa

Se entiende por especialidad formativa la agrupación de contenidos, competencias profesionales y especificaciones técnicas que responde a un conjunto de actividades de trabajo enmarcadas en una fase del proceso de producción y con funciones afines.

Las especialidades formativas de Uso General, Formación Complementaria, Formación Modular y las especialidades formativas dirigidas a la obtención de certificados de profesionalidad se incluyen en el Fichero de Especialidades del Servicio Público de Empleo Estatal para su gestión en todo el territorio nacional por cualquier Administración competente.

Las especialidades complementarias, pertenecen todas a la Familia profesional de Formación Complementaria (FCO) y tienen la consideración de formación transversal en áreas que se consideran prioritarias tanto en el marco de la Estrategia Europea para el Empleo y del Sistema Nacional de Empleo como en las directrices establecidas por la Unión Europea. Se consideran áreas prioritarias las relativas a tecnologías de la información y la comunicación, la prevención de riesgos laborales, la sensibilización en medio ambiente, la promoción de la igualdad, la orientación profesional y aquellas otras que se establezcan por la Administración competente.

Las especialidades de Certificado de profesionalidad tienen una duración especificada en su normativa reguladora.

En el resultado de la búsqueda, se muestran las unidades de competencia, todos los módulos formativos con su duración y las unidades formativas del certificado correspondiente, con su duración. Las horas del certificado, exclusivo de las especialidades de certificado de profesionalidad, con alta igual o superior a 2008, son las horas totales más las horas del módulo de Prácticas Profesionales no Laborales.

➲ **Si la especialidad tiene unidades formativas,** las horas totales, presencial, distancia, teleformación serán igual a la suma de esas horas de las unidades formativas de los distintos módulos, sin que se repita ninguna Unidad formativa.

⊃ **Si la especialidad no tiene unidades formativas,** las horas totales, presencial, distancia, teleformación serán igual a las sumas de esas horas de los módulos formativos, eliminando las horas de los módulos repetidos.

https://sede.sepe.gob.es/especialidadesformativas/RXBuscadorEFRED/BusquedaEspecialidades.do

(Fuente: Servicio Público de Empleo Estatal)

Índice

Unidad de aprendizaje 4
Implicaciones en la ciberseguridad de la evolución de las amenazas actuales y de la adopción de nuevas tecnologías

OBJETIVOS GENERALES

Los objetivos generales del **IFCT89. Seguridad en Internet y dispositivos móviles,** son los siguientes:

- Obtener los conocimientos adecuados para identificar los elementos, dentro de una red o dispositivos móviles, susceptibles a ser atacados, así como los diferentes tipos de ataque que pueden sufrir, como la omnipresencia de la tecnología en nuestro entorno afecta a nuestra privacidad o que medidas de actuación se pueden acometer para minimizar el riesgo.
- Introducir los conocimientos que se adquirirán a lo largo del desarrollo del curso para asegurar su adecuada formación sobre la ciberseguridad y sus impacto en internet y los dispositivos móviles que se usan diariamente *(tablets, smartphones, smartwatchs...).*
- Introducir en la ciberseguridad y su impacto en Internet y en los dispositivos móviles que nos rodean.
- Capacitar para la identificación, valoración, prevención y mitigación de los posibles riesgos de seguridad en una red o dispositivo móvil que estén bajo su gestión.
- Concienciar en base a antecedentes en nuestra historia reciente, y a los nuevos avances que en tecnología que se prevén estar, en los próximos años, al alcance de la población y de las organizaciones, poder entender, en comprender e intuir la dirección general en la que nos dirigimos en el futuro desde la perspectiva de la ciberseguridad.

Introducción a la ciberseguridad

Contenido

Objetivos

El objetivo general de esta Unidad de Aprendizaje es:

→ Introducir los conocimientos que se adquirirán a lo largo del desarrollo del curso para asegurar su adecuada formación sobre la ciberseguridad y su impacto en internet y los dispositivos móviles que se usan diariamente (*tablets, smartphones, smartwatchs...*).

Los objetivos específicos de esta Unidad de Aprendizaje son:

→ Descubrir los distintos tipos de riesgo existentes en el campo de la ciberseguridad.

→ Diferenciar el concepto de ciberseguridad.

→ Definir lo que se entiende por vector.

→ Identificar un tipo de ataque atendiendo a sus características.

1. Introducción

La ciberseguridad es un aspecto que afecta tanto a las empresas como a las personas, con el objetivo de acceder a la información que generan, por lo que es importante conocer la terminología que se utiliza y prevenir dichos ataques para que, en el caso de que suframos uno directamente, sepamos la manera en la que debemos reaccionar para proteger nuestra información.

Pasaremos por distintas etapas para analizar y entender la importancia que tiene la ciberseguridad en un mundo cada vez más digital.

Para ello, nos centraremos en el caso de Enric y Saïda, dos compañeros que trabajan en un restaurante. Su responsable les ha comentado que deben tener cuidado con los correos electrónicos que reciben de los proveedores, ya que uno de ellos les ha llamado para advertirlos de que un tercero ha utilizado sus datos de empresa para solicitar el pago de facturas a distintos proveedores. Ambos se plantean la importancia de tratar de garantizar la seguridad de los datos no solo en su empresa, sino también en su vida diaria, además de establecer distintos protocolos de actuación ante un incidente de este tipo.

2. Comprensión de la ciberseguridad

☞ **HILO CONDUCTOR**

En el descanso, Enric le enseña a Saïda una noticia que aparece en el periódico acerca del aumento de ataques de ciberseguridad. En dicha noticia, se explica todo lo sucedido, por lo que ambos buscan en sus dispositivos móviles una definición básica de lo que se entiende o a que se hace referencia cuando se habla de ciberseguridad.

El concepto de **ciberseguridad** se refiere a la práctica de defender los equipos informáticos, como ordenadores, servidores, redes de interconexión o dispositivos móviles, y los datos almacenados o transmitidos por estos contra los posibles ataques maliciosos que puedan sufrir.

Los ataques se pueden llevar a cabo tanto sobre los propios equipos como sobre la información, por lo que podemos establecer que la ciberseguridad afecta a **todas las etapas y elementos** que intervienen al manipular cualquier tipo de dato.

Los siguientes elementos pueden considerarse como fundamentales, puesto que siempre están presentes en la manipulación de los datos:

- **Infraestructuras.** Seguridad de las infraestructuras esenciales para proteger los sistemas informáticos y el resto de los activos que intervienen en la gestión de datos.
- **Redes informáticas.** Seguridad de la red que interconecta distintos equipos y sistemas, incluyendo las conexiones cableadas e inalámbricas como el wifi.
- **Aplicaciones.** Seguridad de los programas y aplicaciones que se ejecutan tanto en los equipos propios como en servidores o incluso en la nube. Esta seguridad debe integrase desde la capa de diseño de la aplicación teniendo en cuenta cómo se gestionan y se relacionan los datos en su interior, así como la forma de trabajo con los datos por parte del personal de la organización.
- **Nubes-*Cloud*.** Se deben cifrar los datos tanto en el almacenamiento como durante la transferencia entre equipos para tratar de garantizar la privacidad y la seguridad de los datos, además de garantizar los estándares marcados por la normativa.
- **Información.** Medidas que deben implementarse para cumplir la normativa vigente como el Reglamento General de Protección de datos (RGPD) o la Ley de Protección de Datos Personales y Garantía de los Derechos Digitales, que protegen los datos contra la exposición o robo.
- **Formación de los usuarios.** Desarrollar la concienciación sobre el personal que integra la organización para reforzar la seguridad, de forma que se minimicen las posibilidades de un ataque o este sea detectado con anterioridad a que se produzca el daño.
- **Desastres y recuperación.** Definir las herramientas y los procesos que se van a llevar a cabo frente a las interrupciones que acarrean los ataques de seguridad, tratando de minimizar sus daños.
- **Seguridad en almacenamiento de datos.** Realización de distintas copias de seguridad de los datos cifradas en distintos servidores de forma que los datos sean fácilmente recuperables, minimizando el impacto del ataque.
- **Seguridad en dispositivos móviles.** Debemos proteger los dispositivos y equipos móviles cuando se encuentran fuera de la red empresarial para garantizar la seguridad de las aplicaciones y de los medios de intercambio de datos, como, por ejemplo, el correo electrónico.

 **PARA SABER MÁS**

El Instituto Nacional de Ciberseguridad tiene publicado el decálogo de la ciberseguridad, al que puedes acceder desde aquí:

https://redirectoronline.com/ifct890100

 ACTIVIDAD COMPLEMENTARIA

1. Investiga acerca del origen de la ciberseguridad.

3. Los riesgos, tipos y alcance

☞ HILO CONDUCTOR

Saïda se pregunta acerca de la manera en la que ha podido suceder este ataque y llega a la conclusión de que no se había analizado la posibilidad de sufrir un ataque, puesto que a la empresa lo único que le interesa es servir a sus clientes y no tener quejas por el servicio. Enric analiza lo que le ha pasado al proveedor, y llega a la conclusión de que les podía haber pasado a ellos, puesto que tampoco tienen establecidos los métodos y medios de protección necesarios.

El camino emprendido hacia la digitalización de las empresas y el uso de dispositivos móviles personales ha traído grandes beneficios, pero estas ventajas han venido acompañadas de unas amenazas que ponen en riesgo la seguridad de la información y los propios sistemas o dispositivos que pueden ver comprometida la información que almacenan o que transmiten a otros equipos.

La ciberseguridad se enfoca al **análisis de los riesgos y peligros** informáticos que impiden el funcionamiento normal de los sistemas o su inoperatividad. Este análisis permite prever las consecuencias que provocaría un ataque y los factores que revisar para minimizar su impacto.

 IMPORTANTE

El análisis de riesgos es fundamental para mejorar la seguridad de los equipos y de la información.

- -

En una empresa el análisis de riesgos se incluye dentro del **plan director de seguridad (PDS),** en el que se identifican los activos que intervienen en la gestión e intercambio de información empresarial, como el *hardware,* el *software,* los canales de comunicación que utiliza la empresa, la documentación y los recursos humanos intervinientes en la gestión de la información.

 **DEFINICIÓN**

Plan director de seguridad (PDS)
Documento en el que se definen y se priorizan las acciones que se llevan a cabo para tratar de reducir los riesgos a los que la empresa está expuesta a unos niveles aceptables, partiendo de un análisis inicial.

- -

En el Plan director de seguridad (PDS) se deben **priorizar los riesgos** teniendo en cuenta posibles incidentes anteriormente sufridos o a los que se han visto expuestas distintas empresas del sector. Este análisis se organiza en las siguientes etapas:

➲ **Etapa 1 – Definición del alcance.** El primer paso es establecer el alcance del estudio, para lo que se debe tener en cuenta el plan director de seguridad que marcará las áreas estratégicas en las que se debe implantar o mejorar la seguridad.
Se puede establecer de manera global o para departamentos específicos, o incluso llegando a establecerse en procesos o sistemas de gestión.

➲ **Etapa 2 – Identificación de los activos.** Una vez que hemos seleccionado los departamentos, sistemas o procesos sobre los que se va a realizar el análisis de riesgos, se debe realizar un inventario de los equipos. Para ello, podemos utilizar una hoja de cálculo con un formato similar al siguiente:

ID	Denominación	Descripción	Responsable	Tipo	Ubicación	Crítico
ID_01	Servidor 01	Servidor de contabilidad	Director financiero	Físico	Sala 1 de telecomunicaciones	Sí
ID_02	*Router*	*Router* que gestiona la red wifi	Departamento informático	Físico	Sala 1 de telecomunicaciones	No
ID_03	Servidor 02	Servidor para la web	Departamento informático	Físico	Centro de datos del proveedor de *hosting*	Sí

➲ **Etapa 3 – Identificación de las amenazas.** Ahora ha llegado el momento de identificar las amenazas a las que están expuestos los equipos. Debemos establecerlas correctamente y ser realistas en su definición (es poco probable que nos caiga un meteorito).

➲ **Etapa 4 – Identificación de las vulnerabilidades y salvaguardas.** Ahora debemos analizar nuestros equipos para tratar de identificar los puntos débiles que presenten, como por ejemplo *software* sin actualizar. También debemos analizar y documentar otras medidas de seguridad implantadas en la empresa, como por ejemplo la instalación de un sistema de alimentación ininterrumpida (SAI) a los equipos considerados críticos.

➲ **Etapa 5 – Evaluación del riesgo.** Una vez que hemos inventariado los equipos, hemos identificado las posibles amenazas y las vulnerabilidades, ha llegado el momento de calcular el riesgo de que esa amenaza se materialice y el impacto que tendría sobre el negocio.

La probabilidad se puede calcular con una tabla similar a esta:

Grado cualitativo	Grado cuantitativo	Descripción
BAJO	1	La amenaza se materializa una vez al año
MEDIA	2	La amenaza se materializa una vez al mes
ALTA	3	La amenaza se materializa una vez a la semana

Si establecemos la tabla para el cálculo del impacto de la amenaza obtenemos:

Grado cualitativo	Grado cuantitativo	Descripción
BAJO	1	El daño que produce la amenaza no tiene consecuencias relevantes para la empresa u organización
MEDIO	2	El daño que produce la amenaza tiene consecuencias relevantes para la empresa u organización
ALTO	3	El daño que produce la amenaza tiene consecuencias graves para la empresa u organización

Una vez que hemos definido la probabilidad de que suceda la amenaza y su impacto sobre la empresa, podemos calcular el riesgo cuantitativo al establecerlo como el producto de estos dos factores:

$$\text{RIESGO} = \text{PROBABILIDAD} \times \text{IMPACTO}$$

Si, por el contrario, optamos por el cálculo cualitativo, podemos establecer la siguiente tabla para categorizar el riesgo:

Impacto

		Bajo	Medio	Alto
	Baja	Muy bajo	Bajo	Medio
Probabilidad	Media	Bajo	Medio	Alto
	Alta	Medio	Alto	Muy alto

➲ **Etapa 6 - Tratamiento del riesgo.** Ahora, con los riesgos calculados e identificados, debemos tratar aquellos que superen el límite que hemos establecido, ya sea mediante el modo cualitativo o cuantitativo.
En el tratamiento del riesgo existen cuatro estrategias básicas:

- **Transferencia del riesgo a un tercero:** por ejemplo, mediante la contratación de un seguro que nos cubra frente a fugas de información.
- **Eliminar el riesgo:** eliminado o modificado el proceso que presenta este grado elevado de **riesgo.**
- **Asumir el riesgo:** en el caso de que la implantación de las medidas tenga un coste muy alto al que la empresa no pueda hacer frente, se puede optar por asumir el riesgo y esperar a que no se produzca.
- **Implantación de medidas:** para tratar de mitigar o reducir sus efectos.

 PARA SABER MÁS

El Instituto Nacional de Ciberseguridad ha publicado un documento en el que se puede ver un ejemplo sobre cómo realizar un plan director de seguridad. Para verlo accede desde aquí:

https://redirectoronline.com/ifct890101

APLICACIÓN PRÁCTICA

Lucía está realizando el plan director de seguridad de su empresa. Tras revisar las distintas etapas, ha comenzado a identificar las amenazas y los riesgos a los que está expuesta la empresa, pero duda de la etapa a la que corresponde esta acción. ¿Puedes indicarle a Lucía dentro de qué etapa debe incorporar esta información?

Solución

Dentro de la etapa de la identificación y selección de las amenazas es en la que se deben identificar y seleccionar las posibles amenazas a las que se enfrenta la empresa.

----

4. Vectores de ataque tipos e impacto

☞ HILO CONDUCTOR

Enric y Saïda ya comienzan a entender todo el campo que abarca la ciberseguridad y su entorno. Ahora les toca el turno de comenzar a conocer los distintos tipos de amenazas a las que pueden enfrentarse tanto las empresas como los particulares en su día a día. Enric comenta que a su correo electrónico personal le llegan cantidad de mensajes indicándole que ha ganado teléfonos de alta gama, mientras que Saïda se da cuenta de que el fallo que tuvo en el ordenador personal que la obligó a formatear el disco duro del equipo seguramente fuese un virus de alguna aplicación descargada de internet.

Un **vector de ataque** es la ruta o medio por el que un atacante consigue acceder a un equipo o dispositivo para explotar sus vulnerabilidades. Estos vectores no son únicos y pueden llevarse a cabo mediante virus, archivos adjuntos en el correo electrónico, páginas web, ventanas emergentes, mensajería instantánea, o mediante el engaño a las personas que trabajan con dichos dispositivos.

IMPORTANTE

La mayor parte de los ataques que se lanzan utilizan *malware*, código malicioso o aplicaciones malintencionadas.

- -

4.1. Tipos de amenazas y tipos de ataques

Dentro de las amenazas a las que podemos vernos expuestos destacan:

- ➲ **Virus informáticos.** Son el tipo de amenaza más conocida por el público en general. Se trata de código con el que se infecta un programa o equipo para que este se propague al resto de equipos que tengan relación con el equipo infectado.
  Las consecuencias dependen de su finalidad; podemos encontrar virus que únicamente pretenden concienciar al usuario de la importancia del uso de un antivirus, o podemos encontrar otros que dañen el *hardware* o infecten a la red.
  Uno de los elementos fundamentales que identifica a los virus es que necesitan una acción inicial para comenzar a propagarse.
- ➲ **Gusanos.** Se suelen confundir con los virus, pero su principal diferencia es que estos no necesitan la acción humana para comenzar a expandirse por la red.
  La propagación de este tipo de amenazas es exponencial, infectando y transmitiéndose a todos los equipos hasta que provocan su colapso o utilizando todos los recursos, lo que provoca que los equipos tengan problemas de rendimiento.
- ➲ **Troyanos.** Este tipo de amenazas se instalan en los equipos habitualmente cuando se descargan contenidos desde sitios no oficiales o ilegítimos.
  Su objetivo es instalar en los equipos un *software* que permita el control de los equipos y su *software* por parte de los *hackers*.
  Este tipo de amenaza no se propaga ni provoca daños, inconveniente que impide su detección cuando el equipo se infecta.
- ➲ *Adware.* Este tipo de amenaza es muy sencilla de identificar, puesto que provoca que mientras navegamos por internet se abran de manera constante ventanas y anuncios *spam* en el navegador sin ningún tipo de control.
  Aunque puede pensarse que este tipo de amenaza es inofensiva, el rendimiento de los equipos se reduce de forma drástica.

- ***Rootkit.*** *Software* que permite a los atacantes acceder a los equipos sin ser detectados para el robo de información de forma remota.
- ***Keylogger.*** Programas que llegan al equipo a través de troyanos o virus y que se dedican a memorizar las pulsaciones del teclado que realiza la persona que se encuentra en el equipo. Esta amenaza trata de averiguar usuarios y contraseñas de sitios y páginas web con información sensible del usuario.
- ***Ataque man in the middle*** (**MITM**). En este tipo de ataques, se intercepta el tráfico entre dos equipos. De esta forma el atacante puede descifrar los datos que se envían y reciben entre los equipos, pudiendo acceder a los usuarios y contraseñas.
- **Ataques DOS – DDOS.** Los ataques DOS *(denial of service)* consisten en lanzar ataques al servidor hasta que este se satura y no permite el acceso a los datos, lo que provoca que la web sea inaccesible con los correspondientes inconvenientes.
  Los ataques DDOS *(distributed denial of service)* son iguales que el anterior, pero en lugar de atacar desde un único punto, se ataca desde varios equipos al servidor. En este caso, los usuarios desconocen que se están utilizando sus equipos para realizar un ataque.

 IMPORTANTE

El aumento de los dispositivos y equipos conectados a internet ha provocado el desarrollo de amenazas enfocadas a este tipo de dispositivos; es lo que se denomina **internet de las cosas** *(internet of things* (IoT)). Para protegernos contra este tipo de amenazas, debemos implementar los protocolos de seguridad adecuados que traten de prevenir las amenazas existentes, como los antivirus, *software* de seguridad o los *firewalls*.

- -

Los ataques podemos clasificarlos dependiendo de **la amenaza** o del **tipo de ataque:**

- **Ataques pasivos.** Intentan acceder a la información del sistema sin afectar a sus recursos.
  Tratan de obtener la información que se está transmitiendo.
  Este tipo de ataques son difíciles de detectar y debe hacerse más hincapié en la prevención que en la detección.

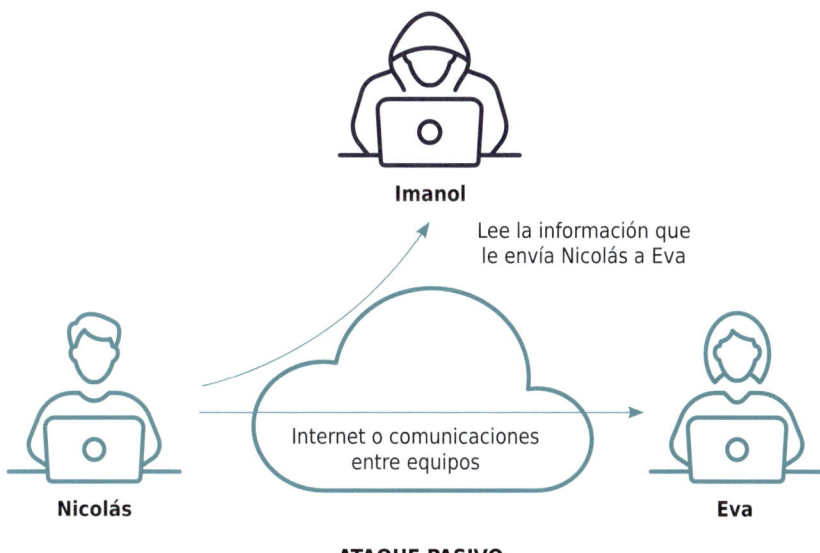

ATAQUE PASIVO

- ◑ *Sniffing.* Este tipo de ataques permiten la escucha de la totalidad de los datos que circulan por la red. Afectan a la capa física de las comunicaciones.

- ➲ **Ataques activos.** Los ataques activos intentan acceder a los recursos del sistema y alterar su funcionamiento, bien por la modificación de la ruta de los datos, bien por la creación de nuevas rutas que incluyan sus equipos en ellas.

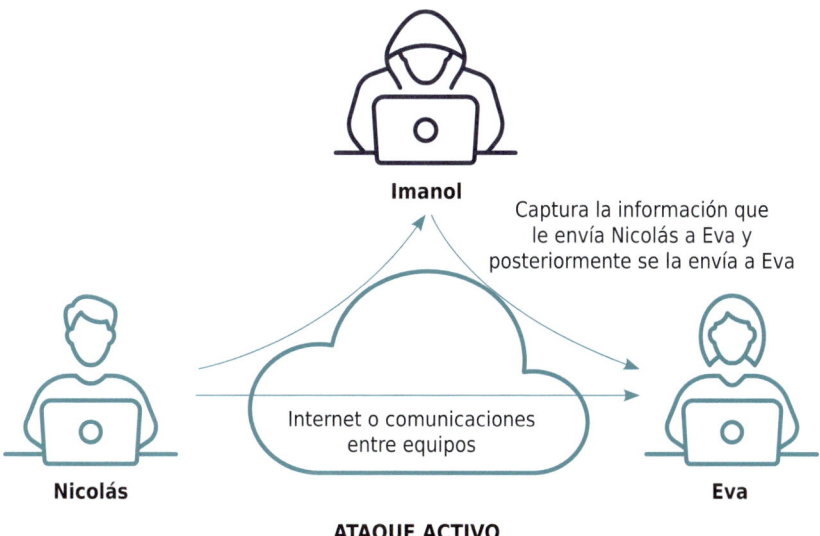

ATAQUE ACTIVO

Suplantación de identidad. Este tipo de ataques se conoce como *phishing,* mediante el cual se intenta robar información confidencial mediante páginas web, correos electrónicos o cualquier otra forma de comunicación electrónica.

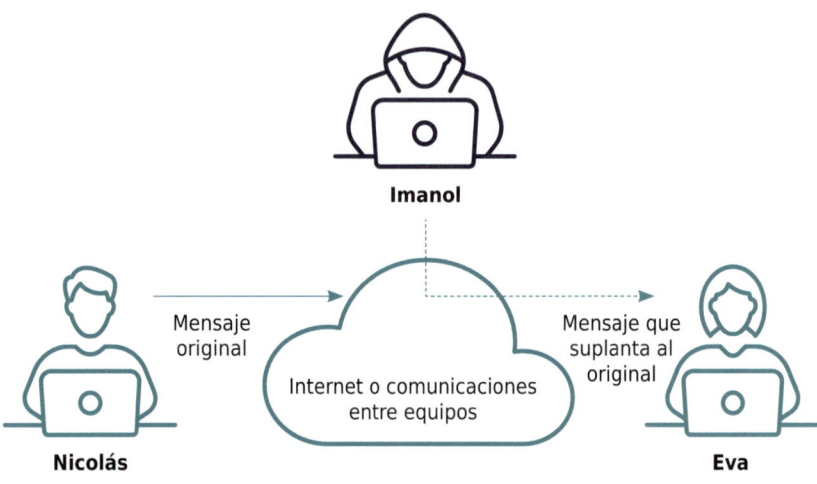

SUPLANTACIÓN DE IDENTIDAD

Repetición *(replay).* Este tipo de amenazas consisten en un ataque en el cual el *hacker* detecta la transmisión de datos y la retrasa o la repite de forma fraudulenta.

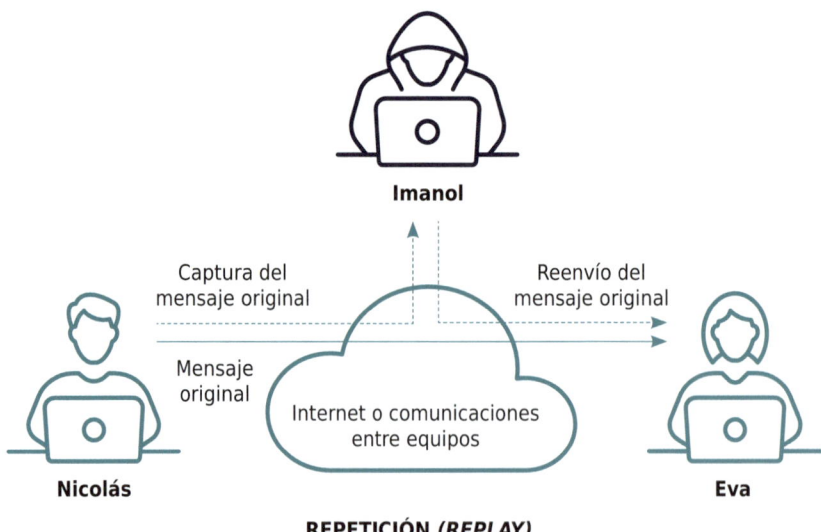

REPETICIÓN *(REPLAY)*

⊎ **Modificación de mensajes.** Este tipo de ataques, conocido como *smishing,* consiste en que alguien se hace pasar por una persona de confianza del usuario mediante la suplantación de identidad para robarle información o hacerle cargos en su entidad bancaria.

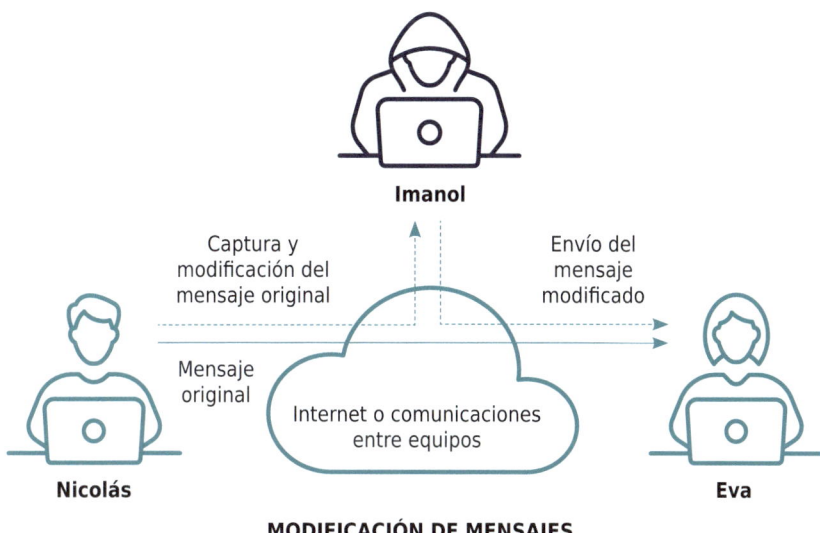

MODIFICACIÓN DE MENSAJES

⊎ **Interrupción del servicio.** Este ataque impide a los clientes y usuarios acceder al servidor, lo que les imposibilita el ejecutar sus trabajos correctamente.

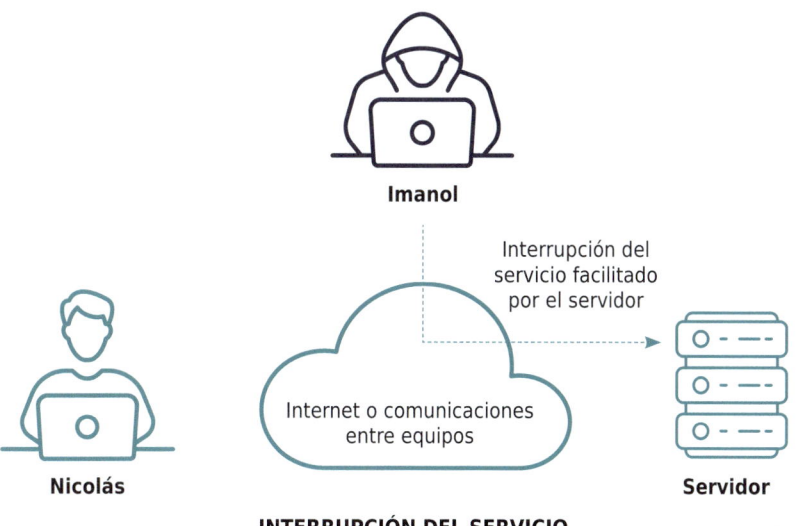

INTERRUPCIÓN DEL SERVICIO

PARA SABER MÁS

En la página web de la Oficina de Seguridad del Internauta puedes consultar una sección donde se incluyen historias reales que les han sucedido a distintas personas. Para ello puedes acceder desde aquí:

https://redirectoronline.com/ifct890102

 ## TAREA 1

Sol está comentando con Eva que a lo largo de esta semana ha recibido muchos correos acerca de la entrega de un paquete que no se ha podido realizar y que debe contactar a través de un enlace con la empresa transportista para concertar la entrega del paquete.

Eva le pregunta si ha realizado algún pedido *online* o espera algún paquete, a lo que Sol le responde que no sabe. El correo que le ha llegado es el siguiente:

Continúa en página siguiente >>

<< Viene de página anterior

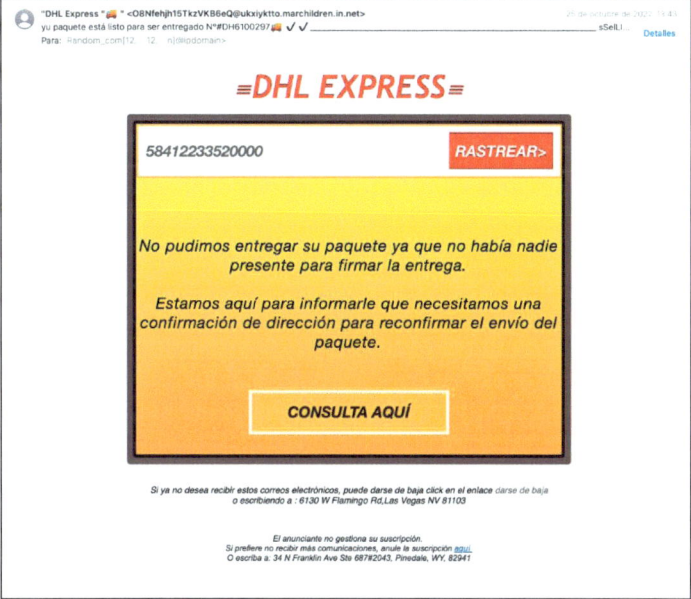

Según los tipos de ataque que has estudiado, ¿a qué tipo de ataque nos estamos refiriendo? ¿Cómo podríamos prevenir y actuar ante este ataque?

5. Medidas de prevención y actuación ante posibles ataques

👉 **HILO CONDUCTOR**

Esta mañana, mientras Saïda introducía los albaranes de los proveedores en el ordenador de la empresa, se ha percatado de que el ratón se movía en los momentos en que ella lo dejaba quieto. Se lo ha comentado a Enric para que le echase una mano y han creído que eran las pilas del ratón. Después de todo lo visto hasta ahora, deciden comentárselo al encargado del mantenimiento de los equipos, que ha reconocido que había sido él. Enric le sugiere que, para evitar sustos, debe avisar antes, puesto que ellos desconocían que se conectaba de forma remota y lo podían identificar como un ataque.

[25]

5.1. Clasificación de los incidentes de seguridad y sistemas de detección y prevención

Los ataques siempre van a utilizar el factor sorpresa, de ahí que sea importante que estemos prevenidos puesto que podemos sufrirlos en cualquier momento y sin ningún tipo de aviso.

Los **incidentes de seguridad** se pueden definir como cualquier acción destinada a conseguir un acceso a los datos, o recursos informáticos que se saltan las protecciones establecidas en la política de seguridad empresarial. Se clasifican en cinco categorías:

- ⮕ **Accesos no autorizados.** Dentro de esta categoría encontramos los intentos de accesos u operaciones no autorizadas en los sistemas, tanto correctos como incorrectos. Algunos de ellos son:

  - ⟳ Abuso o mal uso en la utilización de los servicios informáticos que necesitan autenticación para el acceso a estos.
  - ⟳ Alteración de la información
  - ⟳ Borrado de la información
  - ⟳ Intentos no recurrentes de acceso no autorizado
  - ⟳ Intentos recurrentes de acceso no autorizado
  - ⟳ Robo de la información

- ⮕ **Código malicioso.** Introducción de códigos maliciosos dentro de la infraestructura informática de la organización. Destacamos:

  - ⟳ Los gusanos
  - ⟳ Los troyanos
  - ⟳ Los virus informáticos

- ⮕ **Denegación del servicio.** La denegación de servicio son aquellos incidentes que no permiten el acceso normal a un servicio. Los síntomas que nos pueden ayudar a identificar este tipo de incidente son:

  - ⟳ Servicios externos inaccesibles
  - ⟳ Servicios internos inaccesibles
  - ⟳ Tiempos de respuesta altos

- ⮕ **Intentos de acceso.** Intentos de obtención de datos sobre la información de la red o un equipo determinado. Esta categoría agrupa a los incidentes relacionados con:

  - ⟳ Detección de vulnerabilidades

‣ *Sniffers* (*software* para la captura de información que se mueve por la red).

⮑ **Mal uso de recursos.** Agrupa a los eventos que registran el uso incorrecto de los recursos tecnológicos. Esta categoría agrupa a los incidentes relacionados con:

‣ Abuso o mal uso de los servicios informáticos.
‣ Abuso o mal uso del correo electrónico corporativo.
‣ Incumplimiento de las condiciones de acceso a internet.

Para tratar de protegernos de **estos vectores de ataque,** podemos utilizar distintos sistemas que están destinados al análisis de la actividad que se lleva a cabo en los dispositivos protegiéndolos activa o pasivamente.

⮑ **Sistemas de detección de intrusos** (*intrusion detection system,* IDS)

‣ Están dedicados a supervisar las actividades sospechosas en la red, de manera que, cuando detectan alguna, generan una alerta.
‣ Este tipo de herramientas monitorizan todo lo que pasa en la red o sistema informático para detectar los ataques y amenazas tratando de evitar que se ejecuten, o minimizar las acciones que puedan llevar a cabo. Además, se integran con el *firewall* por el que pasan todos los datos con los que trabaja el equipo, procediendo a bloquear aquellos que incumplen las reglas establecidas. Al trabajar de forma conjunta con el *firewall,* añadimos una segunda capa de seguridad.

⮑ **Sistemas de prevención de intrusos** (*intrusion prevention system,* **IPS**)

‣ Estos sistemas monitorizan el tráfico de una red en tiempo real, de forma que filtran cualquier posible intrusión en ella. Por ejemplo, bloquean los datos cuando estos son incompletos para prevenir un posible ataque.
‣ Aunque su funcionamiento es similar a los sistemas de detección de intrusos, tienen la ventaja de que, mientras que los IDS avisan a los administradores del sistema de la existencia de un posible intruso, los sistemas de prevención IPS bloquean y alertan de la amenaza antes de que se produzca el ataque.

 **RECUERDA**

Un vector de ataque es la ruta o medio por el que el atacante consigue acceder a un equipo o dispositivo para explotar sus vulnerabilidades.

 ACTIVIDAD COMPLEMENTARIA

2. Investiga acerca de las diferencias entre los sistemas de prevención y los de detección de intrusos. Puedes consultar algunos artículos accediendo desde aquí:

El sistema de detección de intrusiones	El sistema de prevención de intrusiones

https://redirectoronline.com/ifct890103	*https://redirectoronline.com/ifct890104*

5.2. Actuación frente a posibles ataques

Los expertos en ciberseguridad son conscientes de que no existe una solución que nos proteja al 100 % contra un ciberataque, por lo que debemos establecer distintos procedimientos y controles para tratar de que el acceso sea lo más complicado y costoso posible.

Algunas **medidas de seguridad** que nos pueden ayudar a protegernos contra los ciberataques son:

- **Contraseñas.** No utilizar la misma contraseña para todos los servicios o que sean contraseñas fáciles de adivinar. Se recomienda el uso de contraseñas largas, en las que se incorporen caracteres especiales, letras mayúsculas y minúsculas.

  No se deben crear contraseñas que contengan información personal.

- **Autenticación.** Un inconveniente de las contraseñas es que no son totalmente seguras, por lo que el empleo de la autenticación en dos pasos, o mediante el envío de claves a los dispositivos móviles, es una buena manera de proteger el acceso a los datos.

- **Comunicaciones seguras.** Uno de los puntos débiles de toda organización es el correo electrónico corporativo, por lo que la mayor parte de los ataques se producen a través de este medio.

  Es recomendable usar un programa de gestión de los correos (como, por ejemplo, *Tutanota* o *Protonmail)* que encripte los correos que se envían para tratar que estos sean interceptados.

- ***Software.*** Uno de los ataques más sonados se produjo en el año 2017 por el denominado WannaCry, que atacó a una gran cantidad de equipos en distintos países del mundo.

  Este ataque se podía haber evitado si se hubieran instalado las actualizaciones que *Windows* puso a disposición de los usuarios meses antes del ataque y que corregían esta vulnerabilidad.

- **Sesiones.** Cuando dejemos de usar una cuenta en un equipo, se debe cerrar sesión para evitar que cualquier persona que acceda al equipo posteriormente pueda acceder a nuestros datos.

  Esta acción es importante cuando se trabaja en equipos en los que no trabajamos habitualmente.

- **Https.** Una de las recomendaciones de *Google* es que en aquellas páginas web en las que se recopile información de los usuarios instalen un certificado de seguridad SSL/TLS para evitar que los usuarios no sean engañados con técnicas de *phishing*.

- **Copias de seguridad.** Una de las formas de asegurarnos de que los datos relevantes están a buen recaudo es mediante la realización de copias de seguridad.

  Estas copias deben realizarse de forma periódica y mantenerlas en distintas ubicaciones para evitar los accesos no autorizados a ellas.

- **Antivirus y *firewall*.** El uso de un antivirus y tener bien configurado el *firewall* complicará el ataque a los *hackers* y el acceso no autorizado a los datos.

  Además, en el caso de que se acceda a páginas inseguras, nos avisará antes de hacerlo.

- **Programas y aplicaciones.** Debemos tener cuidado al acceder a páginas que no tengan un certificado de seguridad y descargar programas y archivos desde páginas y sitios oficiales. Las páginas que nos permiten descargar archivos o materiales de manera ilegal suelen ser una fuente de virus y ***malware*** que posteriormente se instalarán en nuestro equipo.

Todo incidente de ciberseguridad debe quedar registrado para avanzar en la protección de los datos y los equipos de la empresa. Se recomienda que el análisis de los incidentes establezca lo siguiente:

Preparación	- Se deben documentar y desarrollar las políticas y acciones que se van a seguir ante un ataque o incidente de seguridad. - Es importante comunicar y formar al personal para que sepa cómo debe actuar ante un ataque.
Detección y análisis	- Hay que monitorizar lo que sucede en la red, sus conexiones y entre los equipos que la integran, para que se puedan establecer mecanismos futuros de actuación.
Contención	- Se deben recoger las evidencias del ataque, identificar los atacantes, solventar la amenaza y recuperar la información para seguir trabajando con normalidad.
Posincidente	- Todo incidente de seguridad debe quedar registrado y documentado para aprender de los errores que han permitido el ataque sufrido y saber cómo actuar ante la posible reaparición de la misma amenaza.

RECUERDA

Los sistemas de detección de intrusos alertan del ataque una vez producido.

APLICACIÓN PRÁCTICA

En la empresa de Juan han sufrido un ataque. Por suerte, no han conseguido acceder a los datos, pero, para recordar las medidas de seguridad que tienen que seguir, el responsable del departamento les ha entregado un listado con dichas pautas.

Continúa en página siguiente >>

<< Viene de página anterior

¿Puedes indicarle a Juan cuál de las siguientes pautas no es correcta desde el punto de vista de la ciberseguridad?

- **Deben utilizarse distintos métodos de autenticación.**
- **El *software* y el sistema operativo debe actualizarse regularmente.**
- **Todos los usuarios del equipo deben utilizar la misma contraseña.**
- **Una vez finalizado el uso del equipo, se debe cerrar la sesión del usuario.**

Solución

Es una mala práctica utilizar la misma contraseña para todas las personas que accedan al equipo o utilizar siempre la misma en todos los servicios, puesto que, una vez que los atacantes la descubran, podrán acceder a todos los servicios sin complicaciones.

----

6. Revisión del contexto futuro de la ciberseguridad

👉 **HILO CONDUCTOR**

Saïda y Enric coinciden en que la ciberseguridad no es una moda pasajera, sino que es un aspecto importante y sobre el que se debe hacer hincapié, puesto que los datos que maneja una empresa son fundamentales para ella. Ambos analizan la importancia de implementar poco a poco en su trabajo algunas técnicas encaminadas a proteger la información de los clientes y proveedores.

Todos tenemos un dispositivo móvil con acceso a internet y desde el que realizamos muchas de nuestras gestiones diarias, lo que conlleva un aumento del tiempo de conexión a internet y una mayor probabilidad de sufrir un ciberataque.

Es difícil hacer una previsión sobre los caminos que tomará la ciberseguridad y los ciberataques, debido en gran parte al entorno cambiante al que nos enfrentamos tanto técnico como tecnológico, aunque la mayor parte de las personas encargadas de la ciberseguridad coinciden en los siguientes ámbitos:

- **Dispositivos.** Usaremos más los dispositivos y de manera más intensiva. Cada vez tenemos más dependencia de ellos. Este uso implicará mayor celeridad, por lo que aumenta el riesgo de llevar a cabo acciones indeseadas.
- **Ganancias lucrativas.** Los ciberdelincuentes atacarán los objetivos con los que reciban mayores contraprestaciones o más repercusión; además, se centrarán en pequeños ataques en los que no tengan que invertir mucho tiempo, dejando de lado aquellos ataques que necesiten de una planificación y mucho tiempo para llevarlos a cabo.
- **Internet de las cosas.** Seguirán aumentando los dispositivos conectados que, al mezclarlos con el aumento de la I+D, si no se hace correctamente, provoca el efecto IDIoT, resultante de unificar ambas siglas.
- **Infraestructuras críticas.** Se atacarán la mayoría de las infraestructuras, sobre todo aquellas establecidas como críticas debido a la repercusión y al daño que se puede provocar.
- **Usuarios.** Los usuarios todavía no muestran una concienciación adecuada en ciberseguridad. Se abren enlaces y se envían correos sin verificar si son correctos o no, por lo que los ciberdelincuentes seguirán apostando por la ingeniería social como elemento de ataque entre usuarios.
- **Cadena de suministros.** Se convertirá en un objetivo prioritario, ya que es una manera de atacar a otros elementos de la cadena, como pequeños proveedores, consumidores, etc.
- **Empresas de seguridad.** Están apareciendo una gran cantidad de empresas que venden seguridad a cambio de grandes sumas de dinero. La tendencia empresarial es implementar sus propios departamentos informáticos y la suscripción de seguros de protección, o a la compra de las pequeñas empresas por otras mayores.
- **Desastres.** Se aumentará la concienciación de la importancia de actuar frente a un desastre, lo que implica establecer las medidas de protección, así como la realización de copias de seguridad, para tratar de garantizar la continuidad de la empresa.
- **Legislación.** Se aumentará la legislación sobre la ciberseguridad estableciendo requisitos y obligaciones mínimos que traten de garantizar la seguridad de equipos, dispositivos y medios de transmisión de datos.
- **Profesionales.** Aumentarán los profesionales formados en ciberseguridad, aunque todavía se tardará un tiempo en conseguir la totalidad de personal que demanda actualmente el mercado.

7. Resumen

Cuando hablamos de ciberseguridad nos estamos refiriendo a la defensa de los equipos, las redes de interconexión y los datos contra posibles ataques que se pueden sufrir.

La ciberseguridad afecta a todas las etapas de la transmisión de datos y los equipos que intervienen en dicho proceso.

El elemento fundamental para tratar de mejorar la seguridad de los equipos y de la información es el análisis de riesgos. Este se incorpora dentro del plan director de seguridad, donde se identifican los elementos que intervienen en el intercambio de información.

Todo análisis de riesgos se compone de las siguientes etapas:

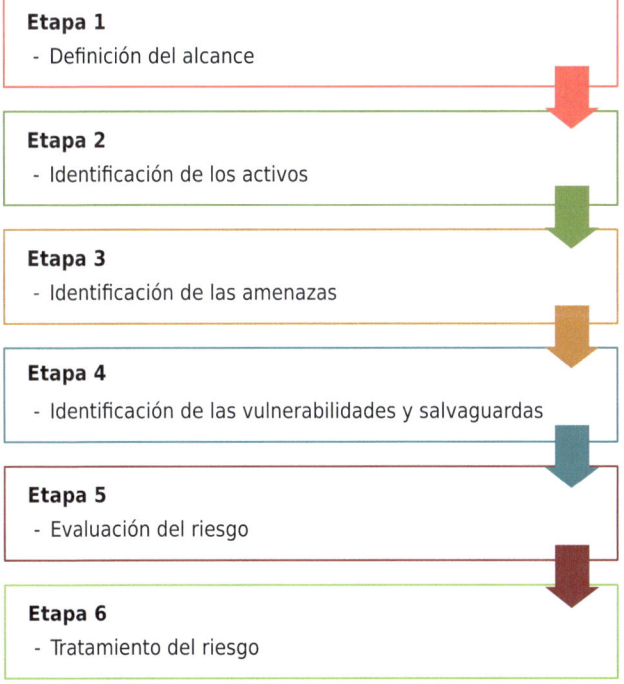

Etapa 1
- Definición del alcance

Etapa 2
- Identificación de los activos

Etapa 3
- Identificación de las amenazas

Etapa 4
- Identificación de las vulnerabilidades y salvaguardas

Etapa 5
- Evaluación del riesgo

Etapa 6
- Tratamiento del riesgo

La ruta o medio por el que el atacante es capaz de llegar al equipo para explotar su vulnerabilidad se define como vector de ataque. Estos vectores pueden ser virus, archivos adjuntos, etc.

Algunos tipos de amenazas son:

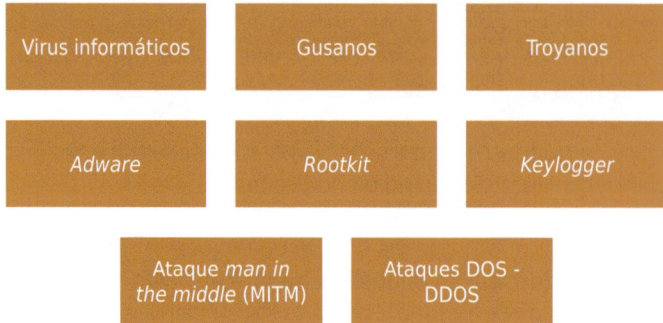

Cuando un atacante accede a los datos o a los recursos informáticos, se produce un incidente de seguridad. Estos incidentes se pueden clasificar en las siguientes categorías:

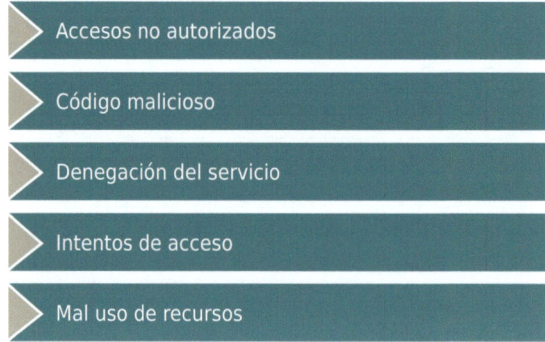

Para prevenir el acceso de intrusos, tenemos los sistemas de prevención y los de detección. Su diferencia principal es que los de prevención analizan en tiempo real las comunicaciones y los de protección únicamente generan una alerta cuando creen que hay un riesgo.

El sector de la ciberseguridad es un sector emergente en el que cada vez hará falta más gente, puesto que cada vez se producen más ataques.

Ejercicios de autoevaluación
Unidad de Aprendizaje 1

1. **La práctica consistente en la defensa de los equipos informáticos se denomina...**

    a. ... antivirus.
    b. ... ataque.
    c. ... ciberseguridad.
    d. ... recuperación.

2. **Cuando nos referimos a la manipulación de datos hablamos de...**

    a. ... aplicaciones y programas.
    b. ... redes informáticas.
    c. ... seguridad en el almacenamiento.
    d. Todas las opciones son correctas.

3. **La concienciación del personal que compone la organización se incluye dentro de...**

    a. ... formación del usuario final.
    b. ... seguridad de la información.
    c. ... seguridad de las aplicaciones.
    d. ... seguridad del almacenamiento.

4. **Las medidas de seguridad para la protección de la red de sistemas contra intrusos...**

    a. ... incluyen exclusivamente las redes cableadas.
    b. ... incluyen exclusivamente las redes inalámbricas.
    c. ... incluyen las conexiones cableadas e inalámbricas.
    d. Todas las opciones son incorrectas.

5. **El análisis de riesgos debe...**

    a. ... cumplir la normativa vigente de prevención de riesgos.
    b. ... incluirse dentro del plan director de seguridad.

c. ... realizarse juntamente con el nombramiento del personal encargado de la seguridad de los equipos.

d. ... realizarse únicamente en empresas tecnológicas.

6. Dentro de un análisis de riesgos no se encuentra...

a. ... la definición del alcance y las amenazas.

b. ... la definición del personal responsable.

c. ... la evaluación del riesgo.

d. ... el tratamiento de los riesgos detectados.

7. Un riesgo cuyo impacto es alto y una probabilidad media de que suceda lo clasificamos como...

a. ... alto.

b. ... bajo.

c. ... medio.

d. ... muy alto.

8. La mayor parte de los ataques que sufren las empresas son mediante...

a. ... correo electrónico.

b. ... *malware.*

c. ... ventanas emergentes.

d. ... virus informáticos.

9. El ataque en el cual el usuario navega por internet envuelto en una gran cantidad de anuncios es...

a. ... *adware.*

b. ... *malware.*

c. ... *spyware.*

d. ... *troyware.*

10. **Los ataques consistentes en obtener la información que se transmite entre equipos son ataques...**

    a. ... activos.
    b. ... de interrupción del servicio.
    c. ... de repetición.
    d. ... pasivos.

Ciberseguridad. Conceptos básicos

Contenido

Objetivos

El objetivo general de esta Unidad de Aprendizaje es:

→ Introducir en la ciberseguridad y su impacto en internet y en los dispositivos móviles que nos rodean.

Los objetivos específicos de esta Unidad de Aprendizaje son:

→ Distinguir los objetivos de la ciberseguridad.

→ Conocer las implicaciones de la ciberseguridad en internet y en los dispositivos móviles.

→ Valorar la importancia de la ciberseguridad en el día a día.

→ Analizar la importancia que adquiere la ciberseguridad en el ámbito empresarial.

→ Aplicar las pautas de prevención ante posibles ciberataques en el ámbito personal.

1. Introducción

Internet evoluciona de forma constante, permitiendo a los usuarios intercomunicarse entre ellos, además de posibilitarles el acceso a una gran cantidad de contenidos y operaciones que les facilitan el día a día.

Estas facilidades también implican una serie de riesgos de los que en muchas ocasiones los usuarios no son conscientes, o piensan que a ellos esas cosas nunca les van a pasar. Esta manera de pensar es errónea, puesto que los atacantes no discriminan entre personas y empresas a la hora de lanzar el ataque, lo único que les interesa es recopilar datos para poder llevar a cabo sus acciones.

Enric y Saïda han tomado contacto con la ciberseguridad y se han dado cuenta de la importancia que adquiere en el campo profesional. Ambos quieren ir más allá, puesto que tienen personas en su ámbito cercano que han sufrido ataques en sus propios equipos personales, por lo que les interesa aprender cómo proteger sus dispositivos contra los ciberataques.

2. ¿Qué es la ciberseguridad?

☞ HILO CONDUCTOR

Enric comenta que últimamente las personas de su entorno están comentando que se han disparado los ciberataques contra las empresas en las que trabajan, a lo que Saïda le responde que hay que tener en cuenta que los ciberatacantes no descansan en su interés por descubrir las vulnerabilidades de los sistemas para acceder a los datos. Ambos creen que es importante que en las empresas se desarrollen campañas de sensibilización para las personas trabajadoras sobre ciberseguridad con el fin de tratar de evitar estos ataques.

- -

Podemos definir la **ciberseguridad** como el conjunto de precauciones que debemos llevar a cabo para proteger la información de los dispositivos, las bases de datos o la propia infraestructura de la red, para tratar de que no se vea afectada por los ataques de los delincuentes cibernéticos.

Esta seguridad en internet se encarga de desarrollar los métodos, procedimientos y normas que identifiquen y eliminen las posibles vulnerabilidades que se encuentren en los datos, en la red de transmisión o en los dispositivos.

Al igual que internet, las amenazas también evolucionan de forma que cada vez se hacen más difíciles de detectar, llegando a no necesitar la intervención del usuario en su propagación, todo ello gracias a que internet se ha convertido en un medio de distribución de programas maliciosos, virus, troyanos, etc., sobre todo para aquellos usuarios que no tomen precauciones en su navegación o uso de los equipos informáticos.

2.1. Objetivos de la ciberseguridad

Los principales **objetivos de la ciberseguridad** son:

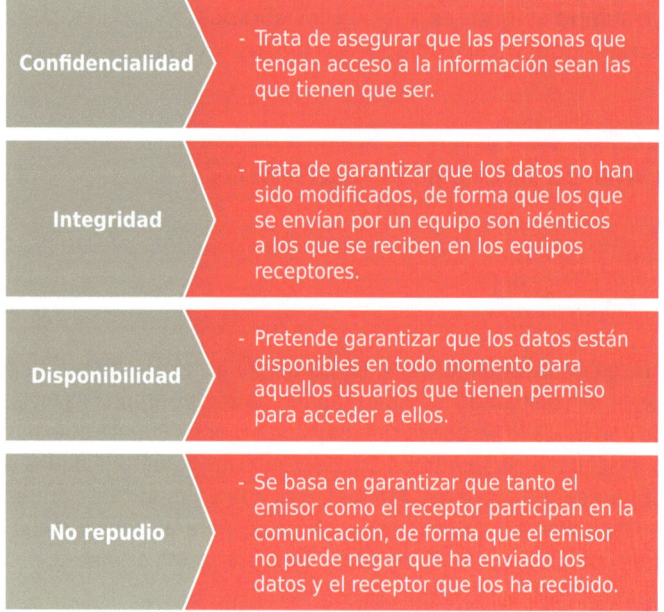

Confidencialidad	- Trata de asegurar que las personas que tengan acceso a la información sean las que tienen que ser.
Integridad	- Trata de garantizar que los datos no han sido modificados, de forma que los que se envían por un equipo son idénticos a los que se reciben en los equipos receptores.
Disponibilidad	- Pretende garantizar que los datos están disponibles en todo momento para aquellos usuarios que tienen permiso para acceder a ellos.
No repudio	- Se basa en garantizar que tanto el emisor como el receptor participan en la comunicación, de forma que el emisor no puede negar que ha enviado los datos y el receptor que los ha recibido.

La ciberseguridad es un problema que afecta tanto a empresas del sector público como del privado, por lo que deben establecerse los protocolos y **planes de comunicación** para establecer los objetivos que se pretenden conseguir mediante su implantación para establecer distintas formas de protección contra posibles ataques.

PARA SABER MÁS

Un ejemplo de ello es que, desde el año 2004, anualmente se desarrolla el **Día de Internet Segura (Safer Internet Day – SID),** que trata de acercar la importancia de la ciberseguridad a los ciudadanos europeos.

Durante ese día se llevan a cabo acciones en los centros europeos de internet segura, los comités mundiales del Día de Internet Segura y otras organizaciones de apoyo a la industria. Puedes consultar más información sobre esto accediendo desde aquí:

https://redirectoronline.com/ifct890201

ACTIVIDAD COMPLEMENTARIA

3. Investiga sobre los objetivos del Día de Internet Segura. Una vez investigados dichos objetivos, responde a la siguiente pregunta de forma justificada.

   ¿Crees que actualmente se deben seguir llevando a cabo este tipo de acciones o se pueden dejar de llevar a cabo porque ya hay un conocimiento básico sobre la manera en la que se debe utilizar internet?

3. ¿Por qué aplicar la ciberseguridad?

 HILO CONDUCTOR

Saïda está preocupada por la seguridad de los dispositivos electrónicos porque se ha dado cuenta de que cada día se producen más ataques, por lo que decide ir con Enric a hablar con el responsable de su empresa acerca de la importancia que tiene implementar la ciberseguridad en ella. Enric le recuerda que el responsable únicamente está preocupado por el rendimiento económico, por lo que deciden plantearle la importancia de la ciberseguridad desde el punto de vista de la reputación de la empresa de cara a los clientes como empresa responsable con los datos que estos le facilitan.

La **digitalización** avanza de forma imparable haciendo que tanto las empresas como las instituciones hayan descubierto la importancia que adquiere la ciberseguridad, tanto desde el punto de vista de la **seguridad** de la información como de la **reputación,** que puede verse comprometida en caso de sufrir un ataque.

Cada día generamos una gran cantidad de información que almacenamos en distintos dispositivos o directamente en la nube, y que no protegemos sin pararnos a pensar en las graves repercusiones que puede tener el robo, pérdida, o acceso a estos.

 RECUERDA

La ciberseguridad es el conjunto de estrategias y acciones orientadas a proteger las infraestructuras y la información de la empresa.

3.1. Elementos para asegurar la ciberseguridad

En España, la mayor parte de las empresas se preocupan de su ciberseguridad de manera **reactiva,** es decir, una vez que han sufrido el ataque y las pérdidas económicas son irreparables.

Algunos de los **elementos** que deben valorar las empresas para tratar de asegurar la ciberseguridad son:

- ➲ **Impacto económico:** las empresas pueden sufrir ataques que traten de dejar los servidores de una empresa inoperativos, por lo que, si se prolonga en el tiempo esta situación, puede llegar al cierre o quiebra.
- ➲ **Cumplimiento del RGPD y la LOPDGDD:** el Reglamento General de Protección de Datos y la LOPDGDD obliga al almacenamiento seguro de la información empresarial, sobre todo la que se refiere a clientes, proveedores, trabajadores, etc.
- ➲ **Acceso multidispositivo:** el acceso a la información corporativa muchas veces es posible desde distintos dispositivos o a través de distintos puntos, lo que obliga a incorporar a todos los dispositivos desde los que se pueda acceder a ella en la estrategia de protección de los datos que recopile la empresa.
- ➲ **Factor humano:** se debe formar a los trabajadores y colaboradores de la empresa para que descubran la importancia de la ciberseguridad y la protección de los datos. No nos sirve de nada preocuparnos por los distintos aspectos que abarca la ciberseguridad si posteriormente las contraseñas son fáciles de intuir o no son seguras.

3.2. Consecuencias de los ciberataques

Entre las **consecuencias** que un ciberataque provoca en las empresas podemos destacar las siguientes:

> Pérdida del acceso a las bases de datos y a toda la información organizada.

> Los costes debidos a la recuperación de los datos, así como las indemnizaciones a los clientes y sanciones por fuga de datos de la empresa e incumplimiento del Reglamento General de Protección de Datos.

> Pérdidas debidas al mal funcionamiento de los equipos, puesto que el personal no puede trabajar con normalidad.

> Proyección de una reputación contraria a los intereses empresariales, debido a la pérdida de los datos y beneficios para las empresas de la competencia.

 **PARA SABER MÁS**

En la siguiente página web se explican las consecuencias que tiene el sufrir un ciberataque, puedes acceder a esta información desde aquí:

https://redirectoronline.com/ifct890202

3.3. Beneficios de la ciberseguridad

Por suerte, cada vez son más las empresas que integran la ciberseguridad en su día a día, dando prioridad a la protección de sus datos y sus infraestructuras contra el ataque de los ciberdelincuentes.

Esta integración de la ciberseguridad les beneficia en aspectos como:

Productividad
- Se genera una estructura de datos que permite seguir trabajando y protegerlos en caso de un ciberataque, además de crear un protocolo de actuación que minimice los riesgos del acceso a dichos datos mediante el establecimiento de rutinas de protección y recuperación de datos.

Reputación
- Las empresas que, tras sufrir un ataque, consiguen que ninguno de sus datos salga de sus equipos e infraestructura mejoran su imagen como empresa responsable y preocupada por los datos, de forma que crece la confianza de los usuarios y clientes frente a esta.

Fiabilidad
- El cumplimiento de la normativa vigente, además de implantar sistemas de certificación, provoca que la imagen de la empresa se vea reforzada con distinciones que garanticen el cumplimiento normativo frente a los ciberataques.

 **PARA SABER MÁS**

Anualmente se publica un informe sobre el estado de la ciberseguridad en España. Puedes acceder a él desde aquí:

https://redirectoronline.com/ifct890203

Un nivel adecuado de protección empresarial también aporta, entre otros, los siguientes **beneficios:**

- ➲ **Garantiza la integridad de los datos.** Si se utiliza un *software* o un sistema de protección de los equipos e infraestructura, se aumenta el grado de protección y, en la mayoría de los casos, su coste es menor que el de sufrir un ataque.
- ➲ **Mejora la imagen corporativa y la confianza de los clientes.** Mantener una buena imagen corporativa se ha convertido en un reto para las empresas. Mediante el cuidado de los datos e infraestructuras se consigue que los clientes confíen en la empresa de forma que se posicione como referente en el mercado.
- ➲ **Aumenta la productividad.** Si se mantienen todos los equipos e infraestructuras protegidos, la actividad empresarial no se paraliza y permite que se desarrollen los trabajos de manera habitual sin interrupciones inesperadas.
- ➲ **Ahorra gastos.** Los ataques suelen llevar aparejados "rescates" o gastos de recuperación de datos, así como reparación de equipos. Si se establece una política adecuada, con el tiempo se recupera la inversión inicial, además de conseguir la protección de los equipos e infraestructuras.
- ➲ **Mayor capacidad de recuperación.** Mediante el respaldo de la información, además de proteger los datos, es un sistema rápido de recuperación de estos en caso de sufrir un ciberataque, y que se puede llevar a cabo en un corto espacio de tiempo.
- ➲ **Certeza en la veracidad de los datos contenidos en la empresa.** Al estar protegidos los equipos, infraestructuras y datos, se garantiza el

cumplimiento del Reglamento General de Protección de Datos, evitando de esta manera las sanciones por el acceso indebido a los datos.

TAREA 2

Gloria está reunida con su gestor, que le comenta que distintas empresas de su sector han sufrido ataques cibernéticos que en algunos casos han provocado el bloqueo de los equipos hasta que no se pague un importe a los ciberdelincuentes.

Gloria le comenta que su empresa es pequeña y que utilizan en todos los equipos las mismas credenciales de acceso para facilitar que cualquier empleado trabaje en cualquiera de ellos; además, no disponen de copias de seguridad porque los datos importantes se almacenan en la nube usando una cuenta gratuita de un proveedor de servicios.

¿Puedes indicarle a Gloria algunas de las ventajas que le aporta la ciberseguridad a su empresa y justificar los cambios que debe llevar a cabo para proteger los equipos y los datos empresariales?

- -

4. ¿Cómo impacta la ciberseguridad en internet y los dispositivos móviles?

 **HILO CONDUCTOR**

Enric ha ido a tomar nota a una mesa de lo que iban a consumir y se ha dado cuenta de que la persona tenía encima de la mesa un *smartphone*, una *tablet* y un ordenador desde el que trabajaba. Al comentárselo a Saïda, han llegado a la conclusión de que estaba teletrabajando desde su local. Al preguntarle si estaba teletrabajando, el cliente les ha dicho que sí, aunque ha protestado un poco diciendo que la empresa no le había puesto los medios y que tenía que usar los propios. Una vez que le han servido la comanda, entre ellos han comentado que seguramente los dispositivos personales no estuvieran preparados para acceder a la infraestructura de la empresa con el nivel de seguridad adecuado que garantice que no se va a producir un robo de información desde los dispositivos de ese trabajador.

- -

Los dispositivos móviles, incluyendo *tablets, smartwatch, smart TV,* se han convertido en el centro de nuestra vida, hasta el punto de que nos acompañan en nuestro día a día. Dentro de estos dispositivos, guardamos una gran cantidad de información personal, desde nuestras fotos, la agenda o las aplicaciones de nuestras entidades financieras, entre otras.

Debido a la pandemia de la COVID-19, creció el número de empresas que implementaron el teletrabajo, lo que supuso que los trabajadores utilizasen sus dispositivos personales para desarrollar el trabajo, sin percatarse de que estaban permitiendo el acceso a la infraestructura y a los datos empresariales desde equipos personales sobre los que no se había establecido ningún nivel de seguridad.

La ciberseguridad afecta a todos los dispositivos tanto personales como empresariales.

4.1. Amenazas comunes en los dispositivos móviles

Los **tipos de amenazas más habituales** que se presentan en los dispositivos móviles son:

⮑ **Filtración de datos.** Uno de los elementos básicos en la filtración de datos en los dispositivos móviles son las aplicaciones a las que se les dan permisos que no se revisan y que no necesitan. Por ejemplo: ¿te has parado a pensar si necesita la aplicación linterna acceder a tus datos? Y, sin embargo, la instalamos porque sobre todo queremos tener la linterna instalada en nuestro *smartphone.*

Habitualmente, son aplicaciones gratuitas que se encuentran en las tiendas y que, además de realizar la función indicada, también envía información a un servidor al que acceden los ciberdelincuentes.

Para evitar este problema, se deben **revisar los permisos** que se les conceden a las aplicaciones y **valorar si son necesarios,** no instalando la aplicación en el caso de que consideremos que no son adecuados.

Las filtraciones de datos se pueden llevar a cabo en cualquier dispositivo.

● **Redes wifi.** Es habitual que se busquen redes wifi gratuitas para evitar reducir el bono de datos disponibles en nuestro contrato de telefonía. Por norma general, las redes públicas o sin protección son inseguras. Hay que evitar conectarse a este tipo de redes si se va a acceder a servicios personales o confidenciales en los que se usen tarjetas de crédito o se introduzcan datos personales porque nunca se sabe en manos de quién acabarán los datos.

Las redes wifi gratuitas facilitan las conexiones sin que nos paremos a pensar cuando nos conectamos a ellas acerca de su seguridad.

● **Suplantación de redes.** Los ciberdelincuentes configuran puntos de acceso similares a una red wifi, pero son señuelos para que las personas se conecten sin saber que sus datos van a ser utilizados posteriormente.

En algunas ocasiones, se pide la creación de un usuario y una contraseña, de manera que, como siempre se suelen establecer los mismos para todos los servicios, les permite comprobar si pueden acceder a información confidencial en otros sitios o páginas web.

Con la suplantación de redes el usuario confía en estar conectado a una red segura y protegida.

⮑ **Phishing.** Es habitual que la llegada de un mensaje al *smartphone* tenga una respuesta inmediata, mayor que cuando lo hace a otros equipos, por lo que el clicar sobre los enlaces se realiza de manera inmediata porque despiertan la curiosidad acerca de lo que habrá en ellos.
Se debe evitar la apertura de enlaces que provengan de personas o entidades con las que no tenemos relación o desconocemos, puesto que estos son los encargados de propagar el ataque utilizando nuestro dispositivo sin que nos demos cuenta.

Los ataques de phishing pueden llevarse a cabo en cualquier dispositivo.

⮩ ***Spyware.*** Cada vez nos preocupa más que algún tipo de *malware* esté enviando nuestros datos a servidores ajenos. Pero un ataque que está en aumento es el *spyware,* que se encarga de rastrear en todo momento nuestra ubicación o patrones de uso del dispositivo.

Es importante cuidar las aplicaciones que tienen permisos para usar la localización. Revisarlas de forma habitual es una buena práctica para mantenernos protegidos contra este tipo de espionaje.

El spyware se encarga de enviar datos fuera del dispositivo sin que el usuario se dé cuenta.

⮩ **Criptografía.** Siempre que sea posible, se deben encriptar los datos y protegerlos con el mayor grado posible. Cuanto más difícil sea el acceso a los datos, mejor será su protección, y, si, además, aunque consigan acceder a ellos, estos no se pueden leer, habremos conseguido el objetivo de inutilizarlos.

La criptografía es una barrera más que se les pone a los ciberdelincuentes para tratar de evitar el robo de información.

◑ **Autenticación.** Muchas aplicaciones, con el fin de facilitar el acceso al usuario, permiten registrarnos con correos electrónicos, o incluso dejar la sesión abierta en el dispositivo. Esto se realiza mediante el uso de **tokens,** que permiten a los usuarios acceder a las aplicaciones sin tener que autenticarse cada vez que acceden.

No debemos perder de vista que, si se comparten o se accede a estos tokens, el acceso a la aplicación está garantizado, por lo que de forma regular se deben cerrar las sesiones y volver a acceder para provocar la generación de nuevos tokens, aunque lo mejor sea cerrar sesión al finalizar y establecer la autenticación en dos pasos.

La autenticación suele utilizar varios dispositivos para garantizar que el usuario es quien dice ser.

 SABÍAS QUE...

La criptografía tiene su origen en las campañas militares que usaban mensajes encriptados para comunicarse entre aliados sin riesgo de que los enemigos los interceptaran. El primer método de criptografía conocido se basaba en un cilindro que permitía cifrar y descifrar los mensajes.

La máquina conocida como Enigma fue la usada durante la Segunda Guerra Mundial por los alemanes, cuyo conocimiento les permitió descifrar los mensajes del bando enemigo y ganar la guerra.

ACTIVIDAD COMPLEMENTARIA

4. Investiga acerca de los programas que permiten realizar copias de seguridad, analizando las ventajas e inconvenientes de cada uno de ellos. ¿Consideras correcto el uso de copias de seguridad cuando se dispone de almacenamiento en la nube?

4.2. Importancia de la ciberseguridad para prevenir ataque

Para tratar de evitar los ataques a través de los dispositivos móviles se debe implementar una **estrategia de seguridad,** que, además de concienciar y formar a los empleados sobre la importancia de la ciberseguridad, también desarrolle los siguientes procedimientos:

1. **Bloqueo por contraseña.** Establecimiento de una contraseña que permita que el dispositivo deje de estar inactivo.
   Dependiendo del dispositivo, podemos establecer un **pin,** un **patrón** o incluso un **dato biométrico.**

Distintos métodos de desbloqueo de un dispositivo.

2. **Borrado remoto.** En caso de pérdida o robo, permitir la eliminación de los datos es una garantía de que no se accederá a estos independientemente de dónde se encuentre el dispositivo.

3. **Copias de seguridad.** Realizar copias de seguridad regularmente y almacenarlas en servidores seguros que puedan sincronizarse con el dispositivo.

   Existen programas que realizan copias de seguridad de forma continua, garantizando que los datos siempre sean accesibles.

   Estas copias se deben proteger con contraseñas robustas que incluyan letras mayúsculas, minúsculas, números y caracteres especiales.

   Las copias de seguridad se sincronizan en la nube para tenerlas disponibles en todos los dispositivos que se utilicen.

4. **Repositorios oficiales.** La principal fuente de infección es mediante la instalación de aplicaciones desde repositorios que no son oficiales.

   Normalmente, prima más el interés por obtener la aplicación que la seguridad de los datos que se almacenan en el dispositivo, sin pararse a pensar en que dicha aplicación incorpora un sistema de acceso y transmisión de los datos almacenados en el dispositivo.

   Habitualmente, los desarrolladores incorporan en sus aplicaciones los enlaces correctos a las tiendas oficiales de aplicaciones.

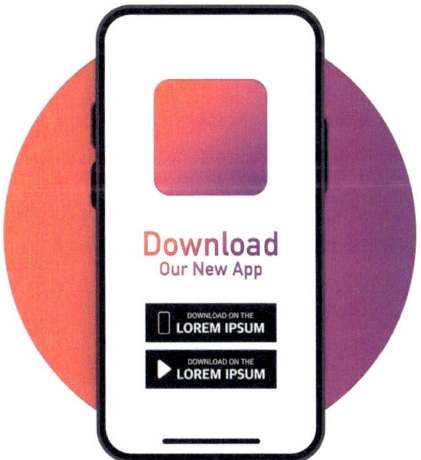

Los repositorios también se conocen coloquialmente como "Stores".

5. **Aplicaciones mínimas.** Instalar exclusivamente aquellas aplicaciones que se vayan a utilizar.

   Un exceso de aplicaciones en el dispositivo móvil ralentiza su funcionamiento.

Es importante leer los permisos y condiciones de uso de las aplicaciones antes de instalarlas.

6. **Privilegios de administración.** Hay aplicaciones o versiones del sistema que únicamente pueden ser instaladas si se accede al modo *jailbreak* o *root,* que consiste en desbloquear todas las protecciones que tienen por defecto los sistemas operativos, permitiendo el acceso a partes sensibles del dispositivo.

   Esta acción permite tomar el control del dispositivo y manejarlo a distancia como si fuese el propio usuario sin que este lo sepa.

El modo root permite acceder a partes del dispositivo protegidas por el fabricante para garantizar su correcto funcionamiento.

7. **Antivirus.** Instalar un antivirus en los dispositivos móviles ofrece una capa de protección extra, sobre todo si se instalan una gran cantidad de aplicaciones en él, ya que se aumenta la posibilidad de que alguna de ellas sea vulnerable y permita el acceso a los datos.

8. **Actualizaciones.** Los dispositivos móviles regularmente lanzan actualizaciones del sistema operativo que incorporan nuevas funcionalidades, así como "parches" a las posibles brechas o fallos de seguridad detectados, por lo que mantener el terminal actualizado se convierte en otro de los elementos importantes para protegerlo y evitar infecciones a través de aplicaciones que explotan estas vulnerabilidades.

9. **Wifi públicas.** Las wifi públicas y los cargadores públicos deben manejarse con cuidado, pensando en que pueden haber sido modificados para extraer información de los equipos que se conectan a ellos.

   Todos los servicios son susceptibles de programarse para recopilar la información de los equipos y enviarla a los servidores gestionados por los atacantes.

Las redes wifi gratuitas deben evitarse si se quiere garantizar un alto grado de seguridad de los datos almacenados en el dispositivo.

10. **Desactivar redes.** Desactivar las redes inalámbricas y conexiones que no se utilicen para evitar que el dispositivo se conecte a ellas de forma automática.

    Una buena práctica que se lleva a cabo en las empresas y que se está instaurando en el ámbito personal es impedir que los dispositivos se conecten a través de redes inalámbricas y que lo hagan mediante redes cableadas, debido sobre todo al aumento de la velocidad de intercambio de información.

 IMPORTANTE

Para que el antivirus funcione correctamente, además de instalarlo, debemos revisar su configuración.

 VÍDEO

Puedes ver un vídeo en el que presentan distintos riesgos a los que nos enfrentamos con nuestro móvil y la manera de protegernos. Accede desde aquí:

Continúa en página siguiente >>

<< Viene de página anterior

https://redirectoronline.com/ifct890204

 **APLICACIÓN PRÁCTICA**

Manuel tiene que presentarle al responsable del departamento un informe donde recoja los motivos por los que debe establecerse un protocolo de seguridad para los dispositivos móviles. Dentro del apartado correspondiente a los tipos de amenazas, ha establecido las más habituales, pero se ha dado cuenta de que se ha equivocado en una.

¿Puedes indicarle a Manuel la amenaza que no corresponde a los dispositivos móviles?

- **Autenticación**
- **Copias de seguridad**
- **Filtración de datos**
- **Redes wifi**

Solución

Las copias de seguridad no son amenazas, sino buenas prácticas para proteger los datos de los distintos equipos que integran la infraestructura de la empresa.

Debido a las cantidades de datos con los que trabajan las empresas, sufren una mayor cantidad de ciberataques, por lo que se deben establecer procedimientos específicos para tratar de evitar accesos prohibidos a la infraestructura o a los datos de la empresa, sobre todo si se permite que los empleados utilicen sus propios dispositivos personales.

SABÍAS QUE...

La tendencia *bring your own device* (BYOD) permite a los trabajadores desarrollar su trabajo usando sus propios equipos y dispositivos portátiles, además de conectarse a la red y acceder a los recursos corporativos.

No podemos olvidarnos de los denominados **equipos conectados,** que son aquellos que tienen acceso a internet y que pueden utilizarse para realizar un ataque conjunto, y que son empleados en los ataques de tipo DD-DOS.

Para evitar que nuestros dispositivos formen parte de un ataque conjunto, debemos revisar periódicamente los dispositivos que se conectan a nuestras redes. Para ello, algunos proveedores de servicios ofrecen aplicaciones propias para revisar la red, permitiendo el bloqueo de los dispositivos desconocidos. Si tu proveedor de servicios no dispone de este tipo de aplicación, puedes utilizar aplicaciones como por ejemplo *Advanced IP Scanner.*

Aplicaciones Smart Wifi de Movistar y Advanced IP Scanner para el control de dispositivos en la red

PARA SABER MÁS

Puedes obtener más información sobre la aplicación *Advanced IP Scanner* accediendo desde aquí:

https://redirectoronline.com/ifct890205

TAREA 3

La empresa en la que trabajas ha cambiado de operador de telefonía y os han entregado los nuevos dispositivos móviles corporativos. Mientras realizabas la migración de los datos, un compañero te pide ayuda porque está teniendo problemas para realizar el cambio, ya que hay aplicaciones que no encuentra en la *Store* y otras que le piden continuamente que se registre.

Al comenzar la migración del dispositivo de su compañero, detecta que hay instaladas infinidad de aplicaciones con una reputación dudosa y se han des- activado la mayoría de las opciones de seguridad porque, según él: "No sirven para nada y ralentizan el móvil".

¿Puedes facilitarle algunas recomendaciones que debe seguir para proteger el móvil contra un ciberataque?

5. Resumen

El desarrollo de internet ha venido acompañado de los ataques a los dispositivos para tratar de obtener la información que se encuentra o se transmite desde/hacia estos.

La implantación de la ciberseguridad se centra en la importancia de los datos sobre los que aplica los objetivos de:

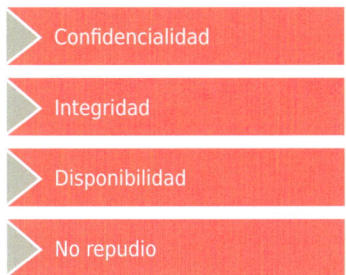

- Confidencialidad
- Integridad
- Disponibilidad
- No repudio

Cada día generamos una gran cantidad de información que en muchas ocasiones no protegemos, sin darnos cuenta de que deben protegerse todos los tipos de datos, ya sean personales o empresariales.

A nivel empresarial, una buena protección de los datos aporta distintos beneficios, entre los que se encuentran:

- Garantiza la integridad de los datos
- Mejora la imagen corporativa
- Aumenta la productividad
- Ahorro de gastos
- Capacidad de recuperación
- Veracidad de los datos

Debido a la pandemia de la COVID-19, muchas empresas permitieron a sus trabajadores el uso de sus dispositivos digitales para teletrabajar, permitiendo el acceso a los datos e infraestructura empresarial a dispositivos que no garantizaban un nivel mínimo de seguridad.

En los dispositivos móviles se dan de manera más habitual los siguientes tipos de amenazas:

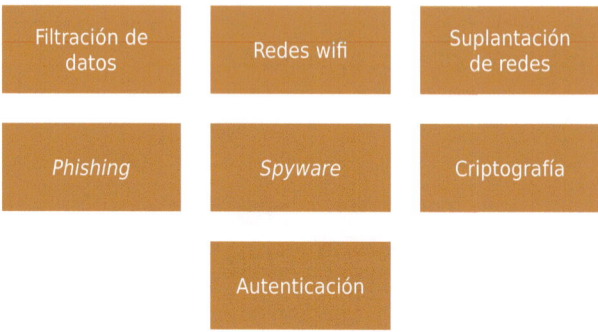

Se debe establecer una estrategia de protección de equipos y dispositivos móviles que incluya aspectos relacionados con:

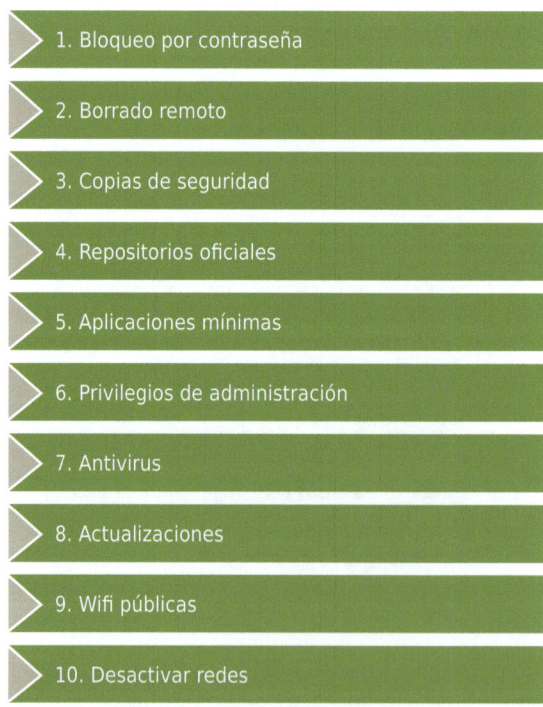

Ejercicios de autoevaluación
Unidad de Aprendizaje 2

1. Los ciberataques se producen sobre...

    a. ... empresas.
    b. ... organismos oficiales.
    c. ... particulares.
    d. Todas las opciones son correctas.

2. Un objetivo de la ciberseguridad se enfoca sobre...

    a. ... aplicaciones y programas.
    b. ... la integridad de los datos.
    c. ... redes informáticas.
    d. ... seguridad en el almacenamiento.

3. El objetivo que garantiza que los datos no se han modificado es:

    a. Confidencialidad
    b. Disponibilidad
    c. Integridad
    d. No repudio

4. La definición de ciberseguridad se refiere a...

    a. ... las empresas y sus infraestructuras.
    b. ... las estrategias y las acciones que se implantan.
    c. ... los dispositivos y equipos.
    d. Todas las opciones son incorrectas.

5. La mayor parte de las empresas tienen una protección en ciberseguridad...

    a. ... gratuita en empresas tecnológicas.
    b. ... pasiva.
    c. ... reactiva.
    d. ... subcontratada en empresas de servicios.

6. ¿Cuál de los siguientes elementos debe cuidar las empresas dentro de la ciberseguridad?

   a. El personal con acceso al Departamento Informático.
   b. La formación del personal, estableciendo cursos regu-larmente.
   c. El personal que pueda acceder directa o indirectamente a los datos.
   d. Las opciones b y c son correctas.

7. La ciberseguridad no beneficia a las empresas en cuanto a su...

   a. ... contratación de personal.
   b. ... fiabilidad.
   c. ... productividad.
   d. ... reputación.

8. Si se mantienen los equipos con un nivel de seguridad adecuado, se aumenta...

   a. ... el tiempo de trabajo.
   b. ... la productividad.
   c. ... los costes empresariales.
   d. ... los riesgos.

9. El ataque más habitual en los dispositivos móviles es el...

   a. ... *criptoware.*
   b. ... *phishing.*
   c. ... antivirus.
   d. ... *spyware.*

10. Un error desde el punto de vista de la ciberseguridad es:

   a. No conectarse a redes wifi públicas.
   b. Realizar transacciones usando los datos del dispositivo.
   c. Realizar transacciones usando redes wifi gratuitas.
   d. Usar un antivirus gratuito.

Riesgos, tipos y vectores de ataque

Contenido

Objetivos

El objetivo general de esta Unidad de Aprendizaje es:

→ Capacitar para la identificación, valoración, prevención y mitigación de los posibles riesgos de seguridad en una red o dispositivo móvil que estén bajo su gestión.

Los objetivos específicos de esta Unidad de Aprendizaje son:

→ Definir lo que se entiende por riesgo.

→ Clasificar los riesgos dependiendo de su tipo.

→ Determinar lo que se entiende por vector de ataque.

→ Analizar los distintos tipos de vectores.

→ Averiguar el vector de ataque dependiendo de las características detectadas.

→ Establecer los pasos que se deben seguir para configurar el *firewall* en *Windows*.

→ Identificar las acciones que llevar a cabo para proteger correctamente los dispositivos móviles.

1. Introducción

Una vez que nos hemos introducido en el mundo de la ciberseguridad, debemos seguir avanzando para adentrarnos en el conocimiento de los distintos tipos de ataques y vectores (virus) que pueden dañar nuestros equipos o provocarnos un quebradero de cabeza.

Para ello debemos conocer los conceptos básicos que nos permitan posteriormente establecer las medidas de actuación para evitarlos tanto en nuestros equipos corporativos como en los personales, sin perder de vista los dispositivos móviles sobre los que deberemos aplicar medidas específicas debido a su configuración.

Enric y Saïda están descubriendo la importancia que adquiere la ciberseguridad tanto a nivel personal como, sobre todo, empresarial, pero necesitan una base sobre la que aprender y poder avanzar, de manera que, cuando hablen con otras personas que también tengan conocimientos sobre el tema, puedan entender los distintos conceptos a los que se refieren.

2. Qué es un riesgo y los elementos de un sistema susceptibles de ser protegidos

👉 HILO CONDUCTOR

Enric se ha dado cuenta de que siempre se habla de riesgos como una acción que puede suceder sin tener en cuenta sus consecuencias y Saïda le comenta que siempre que se habla de riesgo se lleva al campo profesional y no al personal, cuando en ambos casos existe una información y unos dispositivos que se deben proteger, independientemente del uso que se les dé.

- -

En el ámbito informático, cuando pensamos en un riesgo directamente pensamos en las amenazas que pueden atacar a nuestros dispositivos o a la información almacenada en ellos.

Es decir, cualquier evento capaz de producir un incidente que provoque daños materiales o pérdidas en los servicios e infraestructuras, tanto intencionados como no.

No podemos olvidar que un **sistema seguro o fiable** es aquel en el que se garantizan los siguientes aspectos:

Confidencialidad
- Necesidad de que la información únicamente sea conocida por personas y entidades autorizadas.
- Si no hay confidencialidad puede resultar obsoleta o provocar daños.

Integridad
- Característica que garantiza que el contenido de la información no se altere a no ser que se modifique por personal autorizado, reflejando dichos cambios en un registro que asegure el uso correcto de la información.

Disponibilidad
- Capacidad que tiene la información de encontrarse siempre disponible para el personal autorizado.
- Esta característica requiere que el software y el hardware funcionen adecuadamente, lo que permitirá la recuperación satisfactoria de la información.

2.1. Diferencias entre vulnerabilidades y amenazas

No debemos confundir las vulnerabilidades y las amenazas, aunque ambas se encuentran interrelacionadas entre sí y tienen en común el ser perjudiciales y suponer un riesgo para los sistemas y datos con los que trabajamos. Para tratar de minimizar los daños, es importante conocer cuáles son las que ponen en peligro la seguridad de los equipos y la información almacenada en estos. Es importante diferenciar ambos conceptos.

⮑ **Vulnerabilidades.** Es un fallo o debilidad del sistema que pone en riesgo su seguridad.
Puede ser debido a un error de diseño, de procedimiento o un error de configuración.
Los ciberatacantes aprovechan las vulnerabilidades para acceder a estos y realizar las acciones pretendidas.
Es recomendable mantener las aplicaciones, programas y sistemas operativos actualizados, ya que estas actualizaciones incorporan "parches" para cerrar las vulnerabilidades descubiertas.

⊃ **Amenaza informática.** Son todas las acciones que aprovechan las vulnerabilidades para atacar o acceder a un sistema informático.

Las amenazas informáticas provienen generalmente del exterior, aunque también pueden darse amenazas internas como por ejemplo el uso inadecuado de los sistemas.

 **PARA SABER MÁS**

En la página del Instituto Nacional de Ciberseguridad hay un artículo en el que se analizan las diferencias entre las amenazas y las vulnerabilidades. Puedes consultarlo accediendo desde aquí:

https://redirectoronline.com/ifct890301

Tipos de amenazas

Las amenazas podemos clasificarlas dependiendo de si provienen desde los entornos propios o ajenos, además de atendiendo a su intencionalidad:

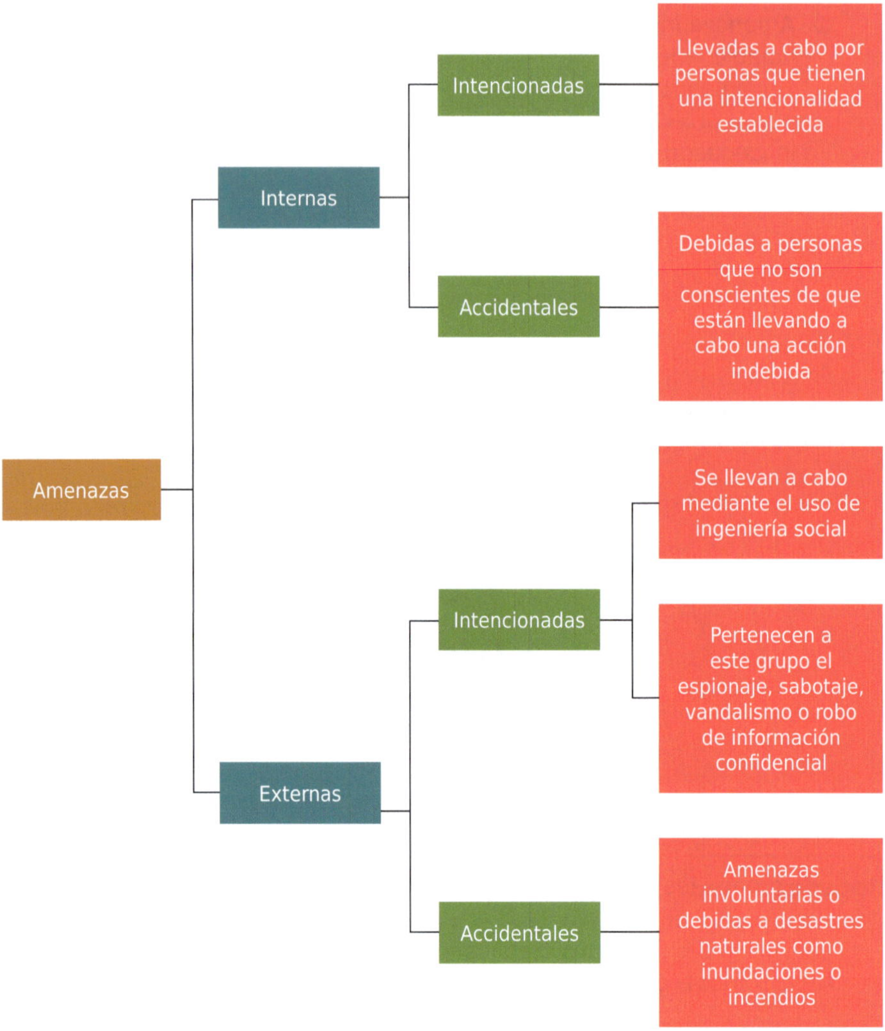

```
Amenazas
├── Internas
│   ├── Intencionadas ── Llevadas a cabo por personas que tienen una intencionalidad establecida
│   └── Accidentales ── Debidas a personas que no son conscientes de que están llevando a cabo una acción indebida
└── Externas
    ├── Intencionadas ── Se llevan a cabo mediante el uso de ingeniería social
    │                 ── Pertenecen a este grupo el espionaje, sabotaje, vandalismo o robo de información confidencial
    └── Accidentales ── Amenazas involuntarias o debidas a desastres naturales como inundaciones o incendios
```

IMPORTANTE

No hay que olvidar que las amenazas más difíciles de valorar son aquellas en las que **interviene el componente humano,** puesto que cada persona nos comportamos de distinta manera ante el mismo hecho; por ejemplo, ante un descontento, habrá personas que se comporten de una manera "civilizada", frente a otras que piensen en generar daños.

2.2. Elementos que proteger en un sistema informático

Los tres elementos de un sistema informático que son susceptibles de ser protegidos son:

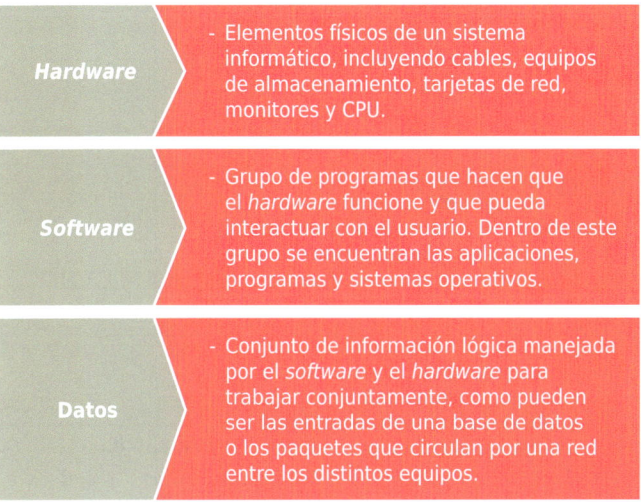

Hardware
- Elementos físicos de un sistema informático, incluyendo cables, equipos de almacenamiento, tarjetas de red, monitores y CPU.

Software
- Grupo de programas que hacen que el *hardware* funcione y que pueda interactuar con el usuario. Dentro de este grupo se encuentran las aplicaciones, programas y sistemas operativos.

Datos
- Conjunto de información lógica manejada por el *software* y el *hardware* para trabajar conjuntamente, como pueden ser las entradas de una base de datos o los paquetes que circulan por una red entre los distintos equipos.

Al ser *Microsoft Windows* el sistema operativo más usado y el que tiene una mayor cuota de mercado les permite a los atacantes explotar la vulnerabilidad en cualquier equipo y sobre un mayor número de ellos.

 **PARA SABER MÁS**

Puedes ampliar la información acerca de la definición de la seguridad de datos y por qué es importante en una empresa accediendo desde aquí:

https://redirectoronline.com/ifct890302

ACTIVIDAD COMPLEMENTARIA

5. Investiga acerca de cuáles son los síntomas que nos indican que un equipo pueda haber sufrido un ataque.

3. Tipos de riesgos

HILO CONDUCTOR

Enric y Saïda se han dado cuenta de que en muchas ocasiones en las que un atacante consigue su objetivo de acceder a los datos de un dispositivo o una red corporativa es debido a los errores humanos, puesto que no se atiende a las medidas de seguridad establecidas, aunque también existen otros errores que deben ser identificados para establecer medidas que minimicen o impidan que los atacantes consigan sus objetivos.

Los riesgos informáticos son las amenazas o vulnerabilidades a las que está expuesta la información y los dispositivos que conforman una red empresarial. Los distintos tipos de riesgos los podemos agrupar en:

1. **Errores humanos.** El factor humano es uno de los riesgos más importantes a los que nos enfrentamos. A menudo cometemos errores cuando usamos los equipos informáticos compartiendo información confidencial. ¿Cuántas veces hemos enviado un mensaje a la persona equivocada desde nuestro móvil?
   La formación es un elemento básico para evitar que se cometan de forma intencionada o no.
2. **Robos y desastres.** Un ataque en el que se acceda a la información debilita la confianza, y empresarialmente puede llegar a provocar su cierre. Se deben realizar copias de seguridad usando la **estrategia 3-2-1,** que consiste en realizar tres copias de seguridad en dos soportes diferentes y una fuera de las instalaciones. Guardar los datos en la nube no garantiza que posteriormente se puedan recuperar.

3. **Intrusiones.** La seguridad informática debe tenerse en cuenta como la seguridad de las instalaciones, por lo que debemos incorporar distintas capas que dificulten el acceso a los datos a los atacantes.
Una buena práctica es disponer de un antivirus y un *firewall* para frenar los ataques, además de tenerlos actualizados con las últimas versiones disponibles.

4. **Programas maliciosos.** Cualquier programa o aplicación que se instale en un ordenador o en un dispositivo móvil tiene la capacidad de perjudicarlo dependiendo de las condiciones que haya establecido su creador. Se deben instalar únicamente aquellos programas que sean necesarios descargándolos desde los repositorios o páginas oficiales de los fabricantes o desarrolladores.

5. **Ataques externos.** Todos los ciberatacantes buscan ser famosos, es por ello por lo que la mayor parte de ellos se fijan en las empresas o personas con amplia reputación para que su ataque tenga una repercusión en el mundo cíber para ser famoso, aunque sea momentáneamente.
Las mayores amenazas que existen actualmente son la denegación de servicio que se le provoca a un servidor (DDoS) hasta conseguir que quede inutilizable, el robo de información bancaria o comercial, o los ataques que encriptan los datos y sobre los que se pide un rescate (habitualmente en criptomonedas) para desencriptar los datos.

6. **Situaciones extraordinarias.** Es posible que se den situaciones que no se hayan previsto debido a que son difíciles de prever, como pueden ser inundaciones, sobrecargas en la red eléctrica, incendio o incluso una pandemia como la de la COVID-19.
Este tipo de situaciones extraordinarias hacen que los ciberdelincuentes operen aprovechando que estamos inmersos en otras problemáticas, lo que produce que bajemos las protecciones.

NOTA

Una vez identificados los activos, las amenazas y las vulnerabilidades, se deben establecer las medidas para tratar de evitar que se produzca el riesgo o minimizar su impacto si se llegase a producir.

3.1. Clasificación y características

Los riesgos a los que nos vemos expuestos los podemos clasificar en:

- **Físicos.** Son los que se encuentran en el entorno en el que se maneja o almacena la información, como pueden ser:

  - Instalaciones o espacios de trabajo inadecuados.
  - Ausencia de instalaciones de lucha contraincendios.
  - Desorganización de cables de conexiones eléctricas y de red.
  - Falta de identificación de personal y ubicaciones.

- **Naturales.** Son las condiciones naturales que pueden poner en riesgo la información.

  - Ausencia de instalaciones de lucha contraincendios.
  - Locales propensos a humedades o inundaciones.
  - Infraestructuras que no soportan los fenómenos naturales

- **De *hardware*.** Defectos en el montaje o configuración de los equipos informáticos que permitan el ataque o la alteración de los datos almacenados en estos.

  - Ausencia de actualizaciones periódicas de programas, aplicaciones y sistemas operativos.
  - Mantenimiento inadecuado de los equipos.
  - Inexistencia o configuración errónea de las copias de seguridad.
  - Mal dimensionamiento del *software,* almacenamiento insuficiente, velocidades de trabajo inadecuadas, etc.

- **De *software*:**

  - Puntos débiles de aplicaciones que permiten el acceso indebido a los datos sin conocimiento por parte de los administradores o usuarios.
  - Configuraciones inadecuadas de aplicaciones y programas o sistemas operativos.
  - Permisos inadecuados que permiten la ejecución de códigos maliciosos.
  - Editores de texto u hojas de cálculo que permiten la ejecución o programación de macros.
  - Programas de automatización de procesos que no se supervisan periódicamente.
  - Las aplicaciones que necesitan estar siempre conectadas a una red y que pueden acceder a páginas o sitios maliciosos sin que el usuario se dé cuenta.

○ **Almacenamiento.** Son los soportes físicos, magnéticos o no, que se utilizan para almacenar la información. Destacan las memorias USB, los discos duros de los servidores, las bases de datos y los registros que se almacenan en soportes en papel.

Los contenidos de cualquiera de los elementos anteriores pueden ser vulnerables si no se protegen, lo que afecta a la integridad, la disponibilidad y la confidencialidad de la información.

- Uso incorrecto o en equipos indebidos.
- Almacenamiento en lugares inadecuados, como por ejemplo cerca de sitios con humedad, magnetismos o electricidad estática.

○ **Conexión.** Independientemente del método de transmisión de la información (redes inalámbricas o cableadas) los datos deben transmitirse de manera segura evitando errores en su transmisión de forma que esta no sea accesible para aquellas personas que no deben acceder a ella.

- Ausencia de métodos de encriptación de los datos.
- Mal elección del sistema de transmisión.

○ **Humanas.** Las personas también podemos causar daños, intencionados o no. En muchos casos desconocemos las medidas de seguridad que debemos tener en cuenta cuando trabajamos con los dispositivos y los datos de estos.

- Falta de conciencia en ciberseguridad.
- Contraseñas débiles.
- Uso de un mismo nombre de usuario y contraseña y compartición con otras personas del entorno.
- Implementación errónea o carencia de la criptografía de los datos y las comunicaciones.

 **PARA SABER MÁS**

Puedes consultar un artículo interesante en el que establece un top 7 con los riesgos informáticos para las empresas en los que se centran los ciberatacantes. Para ello accede desde aquí:

Continúa en página siguiente >>

<< Viene de página anterior

https://redirectoronline.com/ifct890303

3.2. La programación segura como elemento de prevención

Para tratar de evitar las vulnerabilidades del código, se **analizan los errores** mediante lo que se denomina **programación segura,** que trata de encontrar y solucionar los errores de *software* realizando las siguientes acciones:

- Uso de funciones seguras que eviten el desbordamiento de la pila. Declaración segura de las estructuras de datos.
- Control del trabajo a través del control del flujo de datos.
- Desarrollo de testeo del *software,* análisis de los errores y creación de los parches para solucionarlos.
- Diseño de parches heurísticos y metaheurísticos para aumentar el grado de seguridad proactiva.
- Uso de las criptografía en las comunicaciones.
- Distintos métodos para evitar que el *software* sea crackeado.

 **DEFINICIÓN**

Desbordamiento de pila
Error de programación en el que se produce un error al intentar escribir datos en un bloque de memoria en el que no hay espacio.

4. Conceptos básicos de vectores de ataque

☞ HILO CONDUCTOR

Una vez que Saïda y Enric se han dado cuenta de que los errores humanos desempeñan un papel importante para que se materialice un riesgo, ahora quieren adentrase en los vectores de ataques, que son los elementos que tratan de materializar el riesgo, permitiendo a los ciberatacantes acceder a los equipos y redes corporativas y personales.

- -

Un **vector de ataque informático** es un término utilizado en las consultorías informáticas para referirse al medio elegido por los ciberdelincuentes para transmitir al equipo objetivo el código malicioso que les permita tomar el control de este y llevar a cabo sus fines económicos o de cualquier otra índole.

SABÍAS QUE...

El término vector de ataque proviene del ámbito militar, donde se refiere a los agujeros o fallos de seguridad dentro de las líneas defensivas enemigas que eran explotados para atacarlos.

- -

Por tanto, los vectores de ataque son los caminos elegidos para atacar a un equipo que presenta una vulnerabilidad para conseguir los objetivos propuestos.

4.1. Tipología y características de los vectores de ataque

De forma general, dentro de los vectores de ataque podemos encontrar **dos tipos:**

- ⊃ **Vectores de ataque pasivos.** Son los que intentan acceder al sistema o a su información sin afectar a los recursos del sistema. En este tipo de ataque solo se controla la información que se transmite.

Dentro de este grupo encontramos los ataques basados en ingeniería social, el *phishing* o el *sniffing*.
Este tipo de ataques pretenden:

◉ Localizar el origen y el destino de la información a través de la lectura de las cabeceras de los paquetes que se transmiten y reciben entre los equipos.
◉ Control del volumen de datos para identificar actividades inusuales que impliquen una gran cantidad de datos.
◉ Control de los periodos de actividad para atacar fuera de estos, suponiendo que el control sobre el tráfico es menor.

⮑ **Vectores de ataque activos.** Buscan alterar el sistema o su funcionamiento normal como los ataques DDoS, o el *ransomware*.
Implican modificación del flujo de datos o creación de uno falso. Podemos dividirlos en:

◉ Suplantación de identidad.
◉ Repetición de los mensajes o acciones.
◉ Modificación de los mensajes.
◉ Degradación del servicio impidiendo su funcionamiento normal.

NOTA

Lo habitual es que los vectores de ataque combinen ambos tipos de ataque dependiendo de los objetivos planteados.

Un vector de ataque se desarrolla de acuerdo con las siguientes **etapas:**

1. Se reconoce el objetivo que va a ser atacado y el modelo del ataque (*sniffing, malware,* ingeniería social, etc.).
2. Se crean las herramientas necesarias para llevar a cabo el ataque.
3. Se lanza el ataque instalando las capacidades maliciosas en el equipo objetivo.
4. Se explota la amenaza y sus vulnerabilidades.
5. Se compromete la información del equipo atacado.
6. Se consuma el ataque, interfiriendo en las actividades a través del equipo atacado.
7. Se recoge la información para perjudicar a la empresa o usuario y obtener el acceso a otros sistemas, equipos o información sensible.

8. Se asegura la presencia del ataque para seguir llevándolo a cabo y continuar obteniendo datos la mayor cantidad de tiempo posible.
9. Multiplicar los ataques desde el equipo atacado para dificultar la identificación del atacante.

 PARA SABER MÁS

Puedes ampliar la información sobre los vectores de ataque con documentación referida a las *smart cities* que puedes encontrar accediendo desde aquí:

https://redirectoronline.com/ifct890304

4.2. Protección frente a los vectores de ataque

Para tratar de protegernos contra los vectores de ataque o por lo menos reducir su impacto podemos seguir los siguientes **consejos:**

a. Informarnos y formarnos sobre la ciberseguridad, su importancia, así como actualizarnos regularmente sobre distintos vectores de ataque existentes.
b. Impedir el acceso a los dispositivos cuando se utilicen redes públicas no seguras.
c. Instalar todas las aplicaciones de seguridad y sistemas operativos en cuanto se encuentren disponibles para solucionar las vulnerabilidades conocidas.
d. Instalar herramientas o usar aplicaciones de correo que nos protejan mediante el uso de listas negras y blancas de remitentes o bloqueen aquellos destinatarios que puedan ser susceptibles de provenir de un atacante.
e. Utilizar contraseñas robustas y activar la autenticación de doble factor siempre que sea posible, sobre todo en las aplicaciones en las que se introduzcan datos personales sensibles.

f. Instalar herramientas que monitoricen los equipos y las redes a las que se conectan en tiempo real y avisen de manera inmediata ante cualquier posible amenaza.

g. Implantar las políticas de seguridad en todos los equipos a los que se tenga acceso, ya sean corporativos o personales.

 PARA SABER MÁS

Puedes consultar la siguiente publicación donde se analizan las vulnerabilidades más explotadas accediendo desde aquí:

https://redirectoronline.com/ifct890305

---

5. Tipos de vectores de ataque *(phishing, malware, social engineering* y medidas de actuación)

 HILO CONDUCTOR

Una vez que Saïda y Enric han descubierto las etapas por las que pasa un vector de ataque, ahora tienen que empezar a conocer los distintos tipos de vectores que se utilizan para atacar. De algunos de ellos han oído hablar porque son los más frecuentes, pero hay otros que desconocían por completo y quieren estar preparados por si detectan algunas de estas características, atajarlos de la manera más rápida posible.

No se debe perder de vista que los tipos de vectores **más utilizados actualmente** cambian conforme lo hace la tecnología, pero su objetivo final es el mismo, atacar a los dispositivos y obtener el acceso a los datos, además de aprovechar el ataque para lanzar otros sobre otros equipos e infraestructuras.

Los vectores de ataque más comunes son:

- **Credenciales comprometidas.** Es la manera más usada para tratar de acceder a un sistema o dispositivo.
  Dentro de este grupo encontramos el *phishing,* el *malware* o el uso de contraseñas débiles, así como el uso de la misma contraseña para acceder a varios servicios o cuentas.
- *Phishing.* Ataque de ingeniería social más habitual, donde el objetivo principal se centra en la apertura de los correos electrónicos falsos que suplantan una empresa con el objetivo de engañarnos para que compartamos nuestros datos confidenciales o información privada.
- **Vulnerabilidades sin parchear.** Es el elemento utilizado por los ciberdelincuentes para acceder a un equipo o dispositivo. Buscan el CVE *(common vulnerabilities and exposures)* dentro de la lista registrada de vulnerabilidades de seguridad conocidas y lo atacan.
- **Cifrado deficiente o faltante.** Actualmente, hay personas que transmiten datos sin cifrar o cuyas páginas web no tienen implementado el certificado de seguridad HTTPS.
  Si no se usan protocolos seguros que cifran las transmisiones de datos, se permite los ataques de intermediarios que pueden capturar y acceder a los datos que se trasmiten entre varios equipos.
- **Configuración incorrecta.** No nos debemos dejar llevar por la configuración que por defecto se establece en los equipos y dispositivos, debemos revisarlos para tratar de asegurar los datos.
  Revisa los permisos que tienen las aplicaciones cuando las instalas o los permisos cuando te registras en una web usando un servicio de Google, por ejemplo.
- **Trabajadores maliciosos.** En las empresas puede darse el caso de que algún empleado tenga intereses en empresas que sean competencia y que comparta datos con esta, o simplemente sean trabajadores que decidan extraer datos empresariales.
- *Ransomware.* Este tipo de ataques va en aumento y se encamina a la obtención de un dinero a través de las amenazas.
  Su funcionamiento es muy simple, se accede al dispositivo, se cifran los datos y se solicita un pago para facilitar la clave de descifrado de los datos.

⊃ **Proveedores.** Muchas veces las empresas subcontratan a otras para que realicen sus actividades sin darse cuenta de que están cediendo datos de su empresa a proveedores externos de los que se desconoce el uso que van a hacer de estos.

Los vectores de ataque que habitualmente se llevan a cabo son:

1. **Ataques de fuerza bruta.** Son el vector de ataque más utilizado, sobre todo debido al aumento del teletrabajo que ha provocado que muchas empresas tengan que abrir sus redes a los dispositivos personales de sus trabajadores para que puedan desempeñar sus labores desde sus domicilios.
   Estos cambios de oficina a casa en muchas ocasiones se realizaron sin tener en cuenta la ciberseguridad, por lo que las conexiones sin cifrar y los equipos personales sin proteger se convirtieron en blanco fácil para los ciberatacantes.
2. **Explotación de vulnerabilidades.** La explotación de vulnerabilidades es un vector muy usado debido a la tardanza en implementar las actualizaciones que parchean dichas vulnerabilidades.
   Por ejemplo, aún podemos encontrar equipos que funcionan con el sistema operativo *Windows 98* al que *Microsoft* dejó de dar soporte en el año 2016.
3. **Correo electrónico malicioso.** Son los vectores de ataque favoritos sobre todo por su bajo coste y rápida difusión.
   Habitualmente, se utilizan para el *phishing* o *malware,* que es un ataque fácilmente detectable si analizamos los remitentes o el contenido del mensaje, que habitualmente contiene errores ortográficos.
   Aunque los usuarios somos cada vez más conscientes de este tipo de ataque, sigue ofreciendo buenos resultados a los ciberatacantes.
4. *Drive-by compromiso.* Este vector de ataque consiste en aprovecharse de una web que las víctimas visitan de forma regular o generar una nueva de manera que se carga con *scripts* que al ejecutarse instalan un *malware* en el ordenador de las víctimas.
5. **Unidades de memoria externa.** Aunque cada vez se utilizan menos, las memorias infectadas con *malware* son otro elemento que tener en cuenta.
   Habitualmente, se dejan abandonadas esperando que alguien las recoja y cuando la conecta a su ordenador es cuando comienza la infección.

 **PARA SABER MÁS**

Puedes consultar la *Guía de ciberataques* publicada por la Oficina de Seguridad del Internauta y el Instituto Nacional de Ciberseguridad para obtener más información. Accede desde aquí:

https://redirectoronline.com/ifct890306

- -

 TAREA 4

Clara trabaja en un centro educativo en el que cada alumno tiene a su cargo un dispositivo personal. Todos los dispositivos se pueden conectar a internet, además de conectarse al servidor del centro en el que se almacenan los contenidos que los docentes ponen a disposición del alumnado para que estudien.

Esta mañana, cuando Clara ha iniciado su equipo, se ha dado cuenta de que el servidor donde se alojan los datos a los que estaba intentando acceder para preparar sus clases no estaban disponibles, por lo que ha generado la incidencia en el Departamento Informático para que lo revisen, aunque sospecha que han sufrido un ataque informático.

¿Puedes indicarle a Clara, según la información obtenida, el tipo de ataque que han podido sufrir?

- -

6. Vectores de ataque: medidas de prevención y actuación generales

☞ **HILO CONDUCTOR**

Saïda y Enric ya conocen las etapas que sigue un atacante para tratar de conseguir sus objetivos, han visto algunos vectores de ataque, por lo que le sugieren a su encargado que sería una buena práctica establecer un protocolo de actuación que recogiera la manera de actuar para proteger los equipos y los datos, así como el protocolo que debiera seguirse en el caso de que se sospeche o se sufra un ciberataque.

Además de la prevención como medio para evitar un ciberataque, es importante conocer el proceso que sigue para establecer las medidas de protección más adecuadas para evitar que se repita.

6.1. Etapas de un ciberataque

Lockheed Martin estableció a comienzos del año 2020 lo que denominó *the cyber kill chain,* que establece las siete etapas en las que se divide un ciberataque. Estas etapas son las mismas que utilizan los ciberatacantes cuando realizan un ataque contra sus objetivos. Este modelo también ayuda en el establecimiento de las medidas que podemos tomar para tratar de evitarlos.

A continuación, veremos las **implicaciones** de cada uno de esos pasos:

- **Reconocimiento.** Identificación de los objetivos. El atacante identifica los elementos a los que debe atacar para conseguir sus objetivos.
  Fundamentalmente, se buscan equipos o sistemas con baja protección o vulnerabilidades fáciles de explotar para acceder al sistema de la manera más fácil y rápida posible.
- **Preparación.** Preparar la operación. El atacante crea el *malware* capaz de atacar las vulnerabilidades detectadas en la etapa anterior.
  Para cada vulnerabilidad creará su propio programa de ataque.
- **Distribución.** Lanzamiento de la operación. El atacante lanza el *malware* al objetivo mediante el método que ha considerado más adecuado.
- **Explotación.** Acceder a los datos del sistema. El atacante consigue explotar la vulnerabilidad que le permita acceder al equipo y a los datos.

- **Instalación.** Establecimiento del punto de inicio. Una vez el *hacker* ha conseguido acceder al sistema, trata de mantener este acceso la mayor cantidad de tiempo posible, para lo que instala un programa que le permita entrar y salir de forma continua para explotar la vulnerabilidad el máximo tiempo posible.
- **Comando y control.** Control remoto del equipo. Mediante la instalación del *malware,* el atacante ya puede manipular los sistemas de forma remota, llegando incluso a adquirir permisos de administrador que le dan el control de todos los servicios.
- **Acciones sobre los objetivos.** Lograr los objetivos de la misión. Una vez que el atacante controla los equipos, dependerá de las acciones que quiera llevar a cabo. Las más habituales son el robo de datos, destrucción del sistema o exigir un importe económico elevado para liberar los equipos.

NOTA

Puedes ampliar la información acerca del *cyber security kill chain*, sus pasos y características leyendo un artículo al que puedes acceder desde aquí:

https://redirectoronline.com/ifct8903012

Una vez desgranadas las distintas etapas por las que pasa un ciberataque siguiendo las siete establecidas por Lockheed Martin, es momento de analizar la **política de seguridad** que tenemos establecida. Hay infinidad de motivos por los que se puede querer atacar un dispositivo o una empresa, como pueden ser razones económicas, políticas o por diversión y entretenimiento. No podemos olvidar que la mayoría de los ataques que realizan los ciberdelincuentes tratan de que estos tengan una amplia repercusión para adquirir prestigio en el mundo de los *hackers.*

IMPORTANTE

Cuando nos referimos a equipos e infraestructuras empresariales o personales, no debemos olvidar los datos y equipos que trabajan o se comunican con la "nube" o sistemas *cloud.*

6.2. Gestión de incidentes de seguridad

Al conjunto ordenado de acciones enfocadas a prevenir un ataque y reestablecer los procesos lo antes posible, en caso de que se produzca, se denomina **gestión de incidentes de seguridad.**

Esta gestión de los incidentes se lleva a cabo en distintas etapas, aunque en ocasiones unas se integran en otras, o se llevan a cabo simultáneamente.

- ⮞ **Preparación.** Toda la empresa debe estar preparada para saber cómo se debe actuar ante un ciberataque. Anticiparse al ataque y llevar a cabo simulacros puede establecer la diferencia entre una gestión eficaz o un desastre.
  La ciberseguridad empresarial debe tener en cuenta las personas, los equipos y los procedimientos.
  Se debe contar con herramientas que ayuden en la gestión de incidentes, así como un equipo de respuesta que ayude en esta etapa inicial a evaluar y establecer la estrategia que se debe seguir.
- ⮞ **Identificación.** Las empresas deben conocer sus niveles habituales de funcionamiento y los procesos que se llevan a cabo de forma habitual para poder determinar los estados que se pueden considerar anormales y sobre los que se debe llevar a cabo un análisis en profundidad.
  Dentro de esta etapa se recomienda desarrollar las políticas de confidencialidad y conocer quiénes tienen acceso a cierta información y analizar si este acceso es el adecuado para garantizar el almacenamiento seguro de la información.
  No se puede identificar la totalidad de los vectores de ataque que se pueden materializar en la empresa, pero sí los más habituales y sobre los que se deben establecer las políticas de protección frente a ellos.
- ⮞ **Contención.** Cuando un atacante consigue comprometer un dispositivo, se debe tratar el acceso a otros y evitar que pueda obtener más información de la obtenida hasta el momento de la detección del ataque.

La formación y el compromiso del personal con la ciberseguridad se vuelven un factor importante para la contención del ataque, puesto que el tiempo de respuesta es un factor determinante. Debemos recordar que muchas veces las respuestas rápidas son buenas, aunque no sean acertadas.

Todas las acciones que se lleven a cabo deben ser documentadas para realizar un posterior seguimiento y análisis de las acciones llevadas a cabo.

La primera acción que se suele llevar a cabo ante un ciberataque es la desconexión del equipo tanto de la red empresarial como de la corriente eléctrica.

⊃ **Mitigación.** Las medidas de mitigación dependen del tipo de incidente. En algunos casos puede ser necesaria la intervención de entidades externas o en otros casos la propia empresa puede llevarlas a cabo.

La mitigación más habitual consiste en el borrado seguro de los dispositivos de almacenamiento y la reinstalación del sistema operativo, aunque en algunos casos no es posible porque no se dispone de copias de seguridad con la información que había en el dispositivo previa al ataque.

Antes de volver a poner en servicio el equipo, se deben instalar las actualizaciones del sistema operativo, así como la modificación de las contraseñas de las cuentas de usuario, revisar las reglas de *firewall* o realizar una auditoría de seguridad del equipo para garantizar el grado de protección.

⊃ **Recuperación.** Esta fase pretende devolver la actividad normalmente a las áreas de trabajo afectadas por el ataque.

No nos debemos precipitar en la vuelta al funcionamiento normal de los equipos que han sido atacados, puesto que podemos pasar por alto otros signos sospechosos de producir un ciberataque posterior usando el mismo equipo.

⊃ **Posincidente.** Una vez que la empresa ha vuelto a la actividad habitual, es momento de analizar lo sucedido, por qué se ha producido el ataque, cómo se ha actuado y qué medidas se han tomado para que no vuelva a suceder.

Esta etapa suele ser olvidada una vez que los equipos vuelven a funcionar sin pararse a pensar en que de estos errores se deben extraer procedimientos de comportamiento por si se volvieran a producir este tipo de ataques en un futuro.

Para la prevención de los ataques, debemos tener en cuenta algunas **recomendaciones** a la hora de seleccionar las herramientas con las que nos protegeremos:

1. Usar herramientas que no estuviesen en el equipo, ya que pueden estar comprometidas.

2. Usar herramientas que dispongan de interfaz gráfica y con capacidad de analizar toda la memoria sin dejar ningún espacio sin revisar.

3. Las herramientas que se vayan a utilizar deben estar instaladas en dispositivos de solo lectura para evitar que se vean comprometidas.

4. Las herramientas deben ser adecuadas al sistema operativo al que se destinen.

 **PARA SABER MÁS**

Puedes obtener más información acerca de los cuatro vectores de ataque más habituales en las empresas y usuarios accediendo desde aquí:

https://redirectoronline.com/ifct890308

6.3. Medidas para la mejora del nivel de seguridad

Para mejorar la protección de los datos y las infraestructuras, podemos llevar a cabo medidas que **minimicen el riesgo** de sufrir un ciberataque.

Todas estas medidas deben ser **revisadas regularmente** para adaptarlas a las características y necesidades técnicas y humanas que evolucionan con el paso del tiempo. Estas medidas las podemos agrupar en los siguientes ámbitos:

○ **Autenticación.** Asegurar la autenticación de los usuarios a través de contraseñas que deben modificarse de acuerdo con un calendario específico.

Se deben utilizar contraseñas robustas en todos los servicios y siempre que sea posible la autenticación de doble factor, mediante el uso de dispositivos móviles, además del usuario y la contraseña.

Evitar el almacenamiento de contraseñas en los navegadores y equipos.

Establecer los permisos de los usuarios en los niveles más bajos y modificarlos según las necesidades.

○ **Protección.** Mantener actualizado el *software* del dispositivo y las aplicaciones y programas instalados.

Instalar herramientas de protección contra vulnerabilidades conocidas en los equipos.

Establecer un listado de dispositivos, su uso, aplicaciones instaladas e idoneidad de su utilización.

○ **Redes y sistemas.** Implementación de sistemas de protección de las comunicaciones a través de internet.

Revisar accesos a la red a la que nos conectamos, así como los dispositivos que tienen permiso para hacerlo y eliminar aquellos que no se reconozcan como propios.

Realización de copias de seguridad, respetando la estrategia 3-2-1 que diversifica las copias de seguridad para garantizar que al menos se puede recuperar una de ellas.

Disponer de una red CDN *(content delivery network)* que garantice el acceso a los datos que necesitan una alta disponibilidad.

Usar conexiones cifradas y protocolos seguros en los servidores que almacenan los datos.

○ **Correo electrónico.** Aplicar políticas de protección y métodos de actuación ante la detección de ataques de *phishing,* suplantación de identidad, etc.

○ **Concienciación.** Desarrollo de sesiones de concienciación, así como establecimiento de prácticas de protección contra ataques de ciberseguridad, de forma que se lleve a cabo un uso responsable de la tecnología.

La aplicación de las medidas de protección suele implementase de **manera gradual,** puesto que estas medidas obligan a la modificación de los procedimientos de trabajo.

 **PARA SABER MÁS**

Puedes consultar la publicación del Instituto Nacional de Ciberseguridad (INCIBE) para conocer el procedimiento de gestión de ciberincidentes para el sector privado y la ciudadanía accediendo desde aquí:

https://redirectoronline.com/ifct890309

7. Vectores de ataque: medidas de prevención y generales en la gestión de redes conectadas o no a la red: cortafuegos, segmentación, monitorización, detección, registro y encriptación

👉 **HILO CONDUCTOR**

Enric le comenta a Saïda que hoy ha venido el informático para revisar los equipos de la empresa y que le ha comentado acerca de la suerte que han tenido de no sufrir un ciberataque porque en todos los equipos estaba desactivado el cortafuegos, que se considera la primera barrera que debe encontrar un ciberatacante antes de acceder al equipo o la red. Saïda recuerda que hace tiempo un trabajador que tenía conocimientos informáticos los había desactivado porque los equipos se ralentizaban mucho y sobre todo los días que había mucha gente en el restaurante dificultaba el trabajo.

Todos los equipos que se conecten o transmitan datos por internet están expuestos al ataque por parte de cualquier ciberdelincuente, por lo que se deben establecer medidas que protejan a los equipos y a los datos.

Un elemento que hace de barrera para tratar de proteger a los equipos contra estos ataques es el *firewall* o **cortafuegos,** que trata de levantar una barrera entre el equipo y el exterior. Para ello, se interpone entre el equipo y cualquier otro que intente conectarse con él, revisando el tráfico entrante y saliente en busca de cualquier posible señal maliciosa y bloqueando dicha conexión en caso de que detecte algún dato sospechoso.

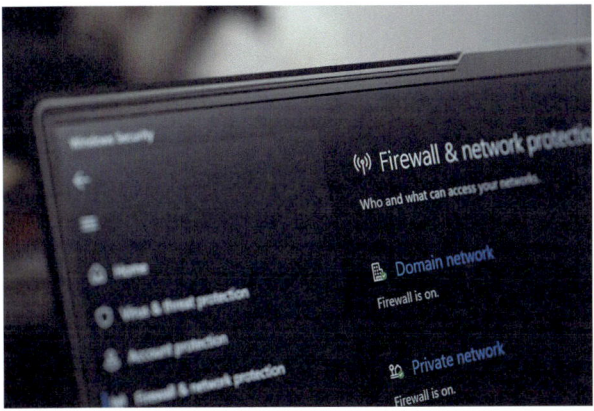

Los firewalls tienen como objetivo proteger las redes privadas y los dispositivos de punto de conexión que se encuentran en ellas, conocidos como hosts de red.

Cuando comenzaron a implementarse los cortafuegos, estos se basaban en un conjunto de reglas predefinidas que eran muy sencillas de evitar, pero que, con el paso del tiempo, se han ido perfeccionando hasta convertirse en piezas esenciales para todos los dispositivos.

Todo equipo que tenga la capacidad de conectarse a internet debe protegerse con un cortafuegos, por lo que también necesitaremos uno en nuestros equipos personales, para protegernos contra:

Intrusiones
- Los cortafuegos impiden a los atacantes acceder a los dispositivos si no están autorizados en sus especificaciones y configuración.

Continúa en página siguiente >>

<< Viene de página anterior

Malware
- Los atacantes que han infectado el equipo aprovechan también para propagarse a otros usuarios e infectar sus dispositivos.

Ataques de fuerza bruta
- En este caso los atacantes prueban con usuarios y contraseñas hasta que consiguen las credenciales de acceso a un servicio o dispositivo.

Ataques DDoS
- Tratan de dejar sin servicio el servidor mediante la petición de una gran cantidad de solicitudes de respuesta al servidor que, ante la imposibilidad de gestionar todas las solicitudes, se colapsa y queda fuera de servicio.

Aunque el funcionamiento de los cortafuegos es similar en todos los casos, podemos encontrar distintos tipos:

⮞ **Cortafuegos personal.** Dependiendo del tipo de dispositivo que utilicemos, será distinto el que se implemente en equipos con el sistema operativo *macOS* o *Windows,* o en las aplicaciones antivirus para los dispositivos móviles.
Su funcionamiento es similar en todos los casos, permite o rechaza las conexiones de acuerdo con un conjunto de reglas predefinidas.
Este tipo de cortafuegos viene instalado de forma predeterminada.

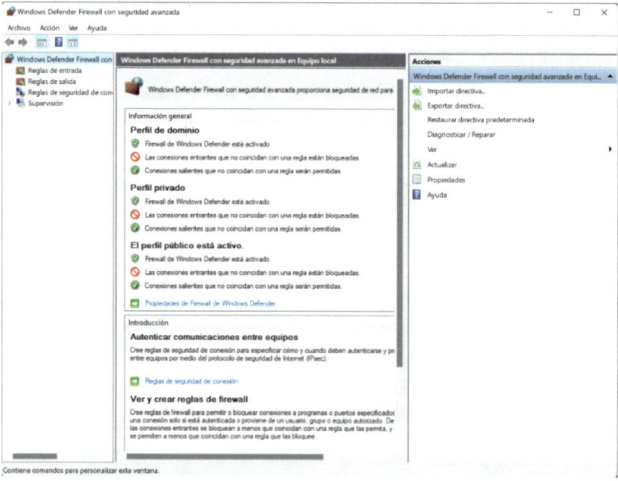

Windows Defender Firewall

Los equipos de *Apple* también tienen el suyo propio. Para activarlo debemos seguir la ruta **Ajustes del sistema -> Red -> Firewall:**

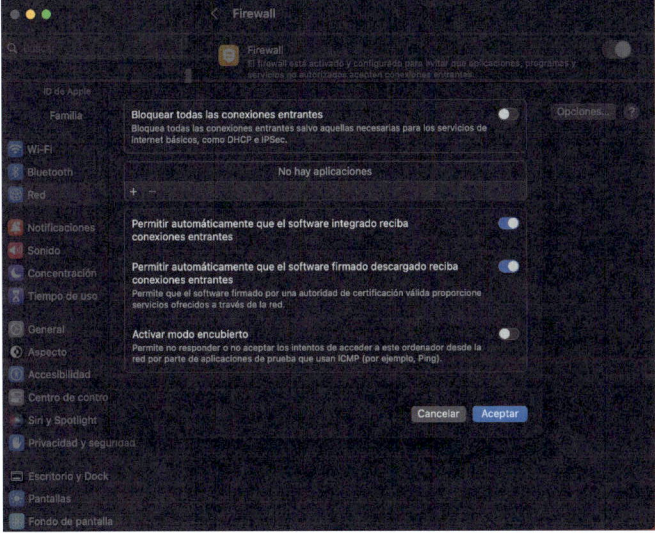

Opciones del firewall de macOS

- **Cortafuegos de *hardware* y de *software*.** Podemos encontrar cortafuegos de *hardware* y de *software*. La diferencia principal entre ellos es que los de *hardware* se encuentran instalados en los equipos.
  Los *routers* que nos permiten conectarnos a internet incorporan un cortafuegos por *hardware* que monitoriza el tráfico y permite el envío o recepción de datos, así como la conexión de los dispositivos a la red.
- **Cortafuegos de filtrado de paquetes.** Este es el modelo más sencillo de cortafuegos, puesto que fue uno de los primeros que se desarrollaron.
  Este tipo de cortafuegos analiza los paquetes que enviamos o recibimos en el dispositivo y, basándose en unas reglas predefinidas, permite el acceso o el bloqueo de dichos paquetes.
  No tienen impacto en el rendimiento del equipo y no llevan a cabo funciones avanzadas, lo que los convierte en fácilmente engañables y poco recomendables de utilizar.
- **Cortafuegos de estado *(stateful)*.** Este tipo de cortafuegos, en lugar de analizar los paquetes que se envían y reciben de acuerdo con las reglas establecidas, monitorizan los paquetes a la vez que se mueven por la red reconociendo patrones y permitiendo la configuración avanzada de este.
  Tienen la ventaja de que guardan un registro con los datos que bloquean y los que dejan pasar.

[93]

⬩ **Cortafuegos de aplicaciones web (WAF).** Este tipo de cortafuegos se diseñaron para trabajar con las aplicaciones web y detectar sus vulnerabilidades, lo que permitió su uso en las aplicaciones de control parental bloqueando algunas aplicaciones o direcciones.

En lugar de monitorizar y vigilar los programas de un ordenador, lo hacen sobre las aplicaciones que se instalan en los dispositivos móviles y sitios web.

Muchos de estos tipos de cortafuegos se sitúan en la nube, como *Sucuri* o *Cloudflare*.

⬩ **Cortafuegos de nueva generación.** Los cortafuegos de nueva generación (NGFW) están destinados al ámbito empresarial e incluyen el filtrado profundo de paquetes, la prevención de intrusos y la monitorización de la red y las aplicaciones.

 **VÍDEO**

En el siguiente canal puedes encontrar una explicación de lo que es un *firewall* y los distintos tipos que podemos encontrar. Accede desde aquí al canal:

https://redirectoronline.com/ifct890310

7.1. Sistema de detección de intrusiones o IDS

Además de los cortafuegos como medida de seguridad de nuestros equipos, también podemos utilizar un **sistema de detección de intrusiones o IDS.**

El sistema de detección de intrusiones (IDS) es un *software* que monitoriza la red y los dispositivos conectados para detectar intentos de acceso a esta que no están autorizados, generando una alerta que es notificada al administrador del sistema para que decida el tipo de acción que debe llevarse a cabo.

IMPORTANTE

Un IDS es un sistema de protección reactivo, puesto que únicamente informa de la intrusión sin llevar a cabo ninguna acción de bloqueo.

El sistema de detección de intrusiones se caracteriza por:

- Tiene que observar y reconocer las desviaciones que se produzcan en el funcionamiento de los dispositivos o de la red.
- Su funcionamiento debe ser automatizado y sin supervisión humana.
- Tiene que poder analizarse a sí mismo para reconocer si ha sido alterado.
- No debe sobrecargar los recursos del sistema.
- Ante una caída del sistema, debe garantizar que sigue funcionando con normalidad.
- Se debe adaptar al sistema operativo en el que se instale y los cambios que se realicen sobre este.
- Tiene que identificar el origen de los ataques.
- Para ser efectivo debe ser difícil de vulnerar por una amenaza.

Los sistemas de detección de intrusos los podemos clasificar según el **tipo de monitorización** empleado o en función de su implementación:

- **Sistema de detección de intrusos en la red** (**NIDS**). Este sistema se encarga de monitorizar todo el tráfico de la red en un dispositivo estratégico en busca de actividades sospechosas, que compara con una biblioteca de ataques conocidos.

Estructura de un sistema NIDS

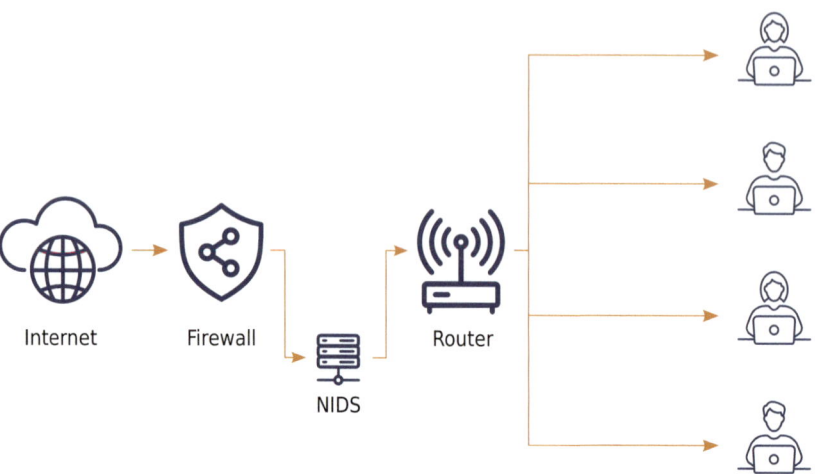

⊃ **Sistema de detección de intrusos en *host* (HIDS).** Monitoriza un *host* y los eventos que se producen en este en busca de actividades maliciosas o sospechosas.
Puede analizar el tráfico que recibe el *host,* como el que origina el propio *host* y que no puede ser detectado por un sistema NIDS.

Estructura de integración de un sistema NIDS con uno HIDS

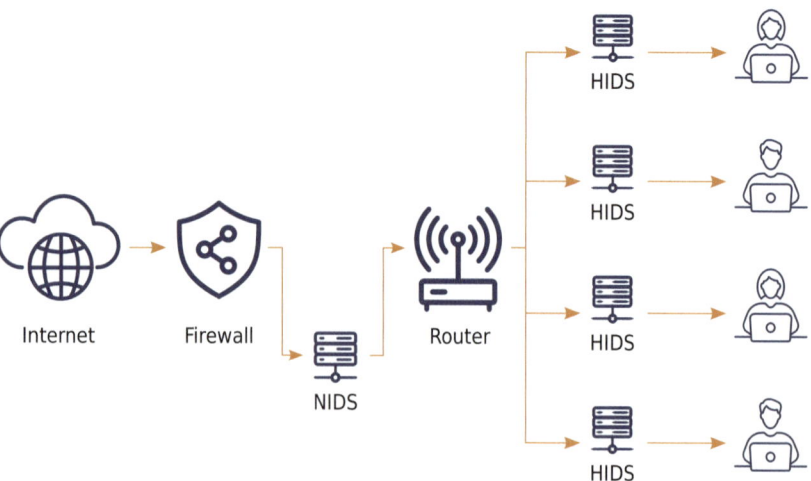

- **Sistema de detección de intrusos basados en firmas (SIDS).** Sistema de detección basado en firmas, que analiza los paquetes de datos que acceden a la red y los compara con una biblioteca propia de firmas conocidas que se encuentran en su base datos.
  Cuando un paquete detectado coincide con uno de los almacenados en su base de datos, lanza la alerta.
- **Sistema de detección de intrusos basado en anomalías (SIDA).** Este sistema monitoriza el tráfico de la red en busca de comportamientos o actividades anómalas.
  Este sistema utiliza el aprendizaje automático para detectar nuevas amenazas desconocidas.

 **PARA SABER MÁS**

Puedes obtener más información sobre los IDS accediendo desde aquí:

https://redirectoronline.com/ifct890311

---

8. Vectores de ataque: medidas de actuación específicas para los dispositivos móviles

 **HILO CONDUCTOR**

Saïda está tranquila porque ha visto que la empresa se ha comenzado a preocupar por la ciberseguridad de los equipos y de la red, pero se ha dado cuenta de que los dispositivos móviles no han sufrido ninguna modificación y ella cree

Continúa en página siguiente >>

<< *Viene de página anterior*

que también debieran protegerse contra cualquier tipo de ataque. Enric le da la razón indicándole que también debe ampliarse esta protección a los dispositivos móviles personales, por lo que navegarán por internet buscando aplicaciones y comportamientos encaminados a la protección de los dispositivos móviles tanto personales como corporativos.

Los móviles y las tabletas son los dispositivos personales por excelencia. ¿Quién no tiene uno o incluso más? Estos dispositivos almacenan gran cantidad de información personal y empresarial, por lo que se convierten en elementos muy valiosos y deseados para ser atacados por los ciberdelincuentes, puesto que, una vez que acceda a este, podrá realizar cualquier gestión suplantando nuestra identidad.

Este tipo de tácticas se agrupan bajo la denominación **ingeniería social.**

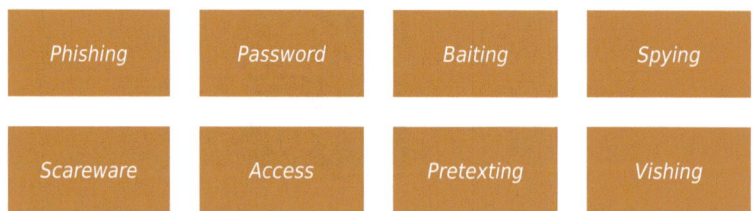

| Phishing | Password | Baiting | Spying |
| Scareware | Access | Pretexting | Vishing |

La ingeniería social trata de manipular el comportamiento del usuario mediante el empleo de técnicas psicológicas que, provocando un error, despliegan técnicas para acceder a la información de los dispositivos.

De acuerdo con **Pablo F. Iglesias,** existen los siguientes **seis principios** de la ingeniería social:

🡒 **Reciprocidad.** Este instinto social es fácilmente manipulable. Los atacantes se mostrarán como personas amables, lo que provocará que nuestro comportamiento recíproco sea igual y sea más sencillo conseguir su objetivo.

La reciprocidad se basa en la confianza en el emisor, sin darnos cuenta de que es un atacante.

➲ **Urgencia.** La mayor parte de los ataques basados en ingeniería social consiguen su objetivo a través de la creación de la sensación de urgencia. Mensajes informándonos de un acceso a nuestra cuenta bancaria que se soluciona pulsando un botón, ofertas que duran un par de minutos y que son irrechazables o un aviso acerca de que nuestro equipo ha sido infectado y que pulsando en un enlace se soluciona el problema son algunos ejemplos clásicos.

Normalmente las notificaciones en los dispositivos móviles son los elementos que el usuario atiende con mayor rapidez.

➲ **Consistencia.** En este caso, se pide el desempeño de pequeñas acciones que, con el paso del tiempo, se convierten en otras más delicadas.

La consistencia se basa en la ejecución siempre de la misma acción pensando que no va a variar nunca su resultado.

⮑ **Confianza.** Si la persona con la que hablamos se mueve en nuestros ámbitos, tiene nuestros mismos intereses, es muy fácil que nos seduzca de forma que, ante cualquier descuido, se produzca el ataque o le sea más sencillo pedirnos una acción que llevaremos a cabo sin cuestionárnosla.

La confianza provoca que no nos planteemos si la acción que vamos a llevar a cabo implica algún tipo de riesgo.

⮑ **Autoridad.** Si una persona que está por encima de nosotros en el organigrama empresarial nos pide las contraseñas o datos de acceso a un servicio seguramente se las daremos sin protestar y sin preguntar el motivo, pero, si por el contrario es una persona de rango inferior, cuestionaremos la acción.

La usurpación de identidad es un elemento clave y sobre el que se deben fijar unos límites. No se deben entregar a nadie las contraseñas de accesos independientemente del **grado que tenga en nuestras relaciones.**

⮑ **Validación social.** Si todo nuestro entorno va a llevar a cabo una acción, sin plantearse objeción alguna, nosotros la llevaremos a cabo para no destacar en el grupo.

Las personas necesitamos constantemente sentir que pertenecemos a un grupo social, por lo que no haremos nada que pueda marginarnos de este realizando todas las acciones que el resto va a hacer.

 **NOTA**

La validación social provoca que, para evitar un rechazo grupal, llevemos a cabo dicha acción aunque no estemos de acuerdo en realizarla.

Algunos **ataques** que se utilizan en la ingeniería social son:

➲ *Phishing:*

- ◗ Se disfrazan las comunicaciones de forma que parezca que proceden de fuentes de confianza y su objetivo es la consecución de información personal o financiera.

➲ *Spear phishing:*

- ◗ Enfocados en una persona concreta que tiene acceso a información relevante de la empresa.
- ◗ Suelen estar bien estudiados y planificados, por lo que es difícil su detección.

➲ *Vishing:*

- ◗ Similar al *phishing,* pero usando la tecnología por voz.
- ◗ Se falsifica un número de teléfono de forma que los atacantes se identifican como personal del departamento informático, entidad financiera y le solicitan los datos de acceso.

➲ *Smishing:*

- ◗ Igual que el *phishing,* pero a través de un mensaje con el que se pide la realización de una acción inmediata a través de un enlace malicioso o mediante una llamada telefónica.
- ◗ Incorporan la sensación de urgencia para que la víctima actúe sin darse cuenta de que está siendo objeto de un ataque.

➲ *Baiting:*

- ◗ Se aprovecha de la curiosidad de las personas. El atacante deja un dispositivo infectado en un lugar donde se encuentre fácilmente. Por la curiosidad que despierta el contenido del dispositivo, cuando la persona lo encuentra lo introduce en su equipo para ver el contenido, momento en el que se despliega el *software* malicioso o se infecta el equipo.

➲ *Scareware:*

- ◗ Mediante el susto a la víctima para que lleve a cabo una acción, habitualmente eliminar un virus informático que se encuentra en el equipo y no lo ha detectado nuestro antivirus.

◗ Suele aparecer en forma de ventana emergente sobre todo en páginas de descarga de contenidos multimedia.

⮑ *Pretexting:*

◗ Mediante la creación de un escenario falso, el atacante consigue engañar al usuario enlazando una serie de mentiras que provocan que el atacado confíe en ellos como pueden ser las supuestas preguntas de seguridad para confirmar su identidad.

⮑ *Honey trap:*

◗ El atacante atrae a una víctima a una situación sexual vulnerable.
◗ Es similar a la sextorsión, pero en este caso se establece un chantaje.
◗ Este tipo de ataques se caracteriza por la recepción de mensajes en los que nos informan que nos han observado a través de la cámara y que van a publicar las acciones que hemos llevado a cabo. En este caso no se deben contestar los correos electrónicos ni llevar a cabo ninguna acción.

⮑ *Spam* **en el correo electrónico:**

◗ El *spam* es responsable de la mayor parte de la basura que recibimos en nuestro correo electrónico.
◗ Muchos servidores revisan los mensajes automáticamente y bloquean este tipo de mensajes protegiendo a los usuarios.

⮑ *Water holing:*

◗ Inyecta código malicioso en una página que es visitada regularmente por la víctima para explotarlo a través del navegador cuando se produzca la siguiente visita.

Aunque se conozcan distintos tipos de ataques de ingeniería social, no debemos olvidar que, al igual que evoluciona la tecnología para protegernos de este tipo de ataques, los ciberatacantes investigan otras maneras de engañar a los dispositivos y a los usuarios para conseguir sus objetivos.

Los dispositivos móviles son los más utilizados y esta característica los convierte en los más atacados por los ciberdelincuentes. Para tratar de proteger nuestros dispositivos, también debemos incorporar **medidas de protección,** que podemos resumir en las distintas recomendaciones reflejadas en la siguiente imagen:

1. No abras **correos electrónicos de origen desconocido** o que no hayas solicitado. **Elimínalos** de forma inmediata.
2. No contestes nunca a los **mensajes** que consideres **sospechosos.**
3. Cuidado con los **enlaces** que acompañan a correos electrónicos, mensajes de WhatsApp o redes sociales.
4. Cuidado con los **archivos adjuntos** que se incluyen en los correos electrónicos, mensajes de WhatsApp o redes sociales.
5. Mantén el **sistema operativo y el antivirus siempre activado y actualizados.**
6. **Verifica la seguridad** de los sitios web en los que introduzcas tus datos personales o bancarios.
7. Verifica la seguridad de las redes wifi públicas a las que te conectas. **No compartas datos personales** si te conectas a ellas.
8. Escribe las URL en los navegadores. **No uses los enlaces de los mensajes sospechosos.**
9. **Desconfía** de las personas que acabas de conocer y te informan de **oportunidades de última hora o urgentes.**
10. **Sospecha** si te ofrecen un premio o trabajo idílico que sea **rápido o fácil de conseguir.**

IMPORTANTE

Los ataques de ingeniería social a menudo provienen de fuentes aparentemente fiables.

- -

APLICACIÓN PRÁCTICA

Elena le ha recomendado al responsable del Departamento Informático que sería conveniente revisar el manual de ciberseguridad y entregárselo a todo el personal para recordarles la importancia que adquiere la ciberseguridad en la actualidad. Por este motivo, le han pedido que revise dicho manual, pero, cuando ha llegado al apartado correspondiente a la ingeniería social, se ha dado cuenta de que todas las opciones tienen la misma descripción: "tipo de *malware* que utiliza la ingeniería social para asustar a las personas y conseguir que se

Continúa en página siguiente >>

[103]

<< Viene de página anterior

descarguen un falso *software* de seguridad o visiten un sitio infectado con *malware*". ¿Puedes identificar el tipo de ataque al que corresponde dicha descripción?

Solución

El *malware* que utiliza la ingeniería social para asustar a las personas y conseguir que descarguen un falso *software* de seguridad o visiten un sitio infectado con *malware* es el denominado *scareware*.

 TAREA 5

Esta mañana, una amiga ha detectado que tanto su equipo portátil como su teléfono móvil no funcionan adecuadamente, les cuesta mucho abrir las aplicaciones y funcionar correctamente.

Le pide consejo acerca de qué es lo que debería hacer, no sin antes indicarle que ha descargado la aplicación para limpiar los dispositivos desde una página en la que se pueden descargar de manera gratuita aplicaciones de pago liberadas para evitar pagar por el uso, pero que los dispositivos siguen igual.

¿Qué acciones le recomendarías que llevase a cabo?

---

9. Resumen

Definimos riesgo como cualquier evento que tiene la capacidad de producir un incidente que provoque cualquier tipo de daño (material o económico) en los servicios o infraestructuras, ya sean intencionados o no.

La probabilidad de que suceda una amenaza se calcula según la posibilidad de materialización de un incidente. No hay que perder de vista que el factor humano está presente en las amenazas más difíciles de valorar.

Podemos agrupar los factores que provocan que se produzcan riesgos en los siguientes:

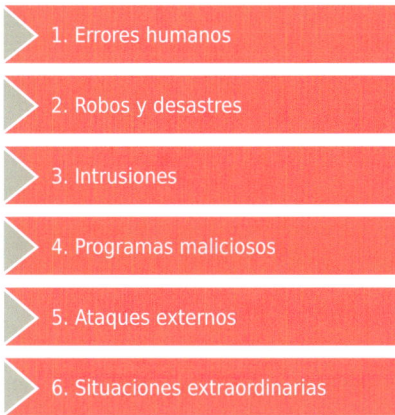

1. Errores humanos

2. Robos y desastres

3. Intrusiones

4. Programas maliciosos

5. Ataques externos

6. Situaciones extraordinarias

Las consultorías informáticas se refieren al método de ataque contra un equipo que permite a los atacantes tomar el control de este y desarrollar sus objetivos como vector de ataque.

Los vectores de ataque más comunes son:

Credenciales comprometidas

Phishing

Vulnerabilidades sin parchear

Cifrado deficiente o faltante

Configuración incorrecta

Trabajadores maliciosos

Ransomware

Proveedores

Lockheed Martin estableció el llamado *the cyber kill chain,* que establece las siete etapas en las que se divide un ciberataque:

La gestión de incidentes de seguridad son el conjunto ordenado de acciones encaminadas a prevenir un ataque o minimizar sus daños en caso de que este se produzca. Para ello se deben actualizar y revisar las medidas que se implementen de manera regular para adecuarlas a los cambios tanto técnicos como humanos que se produzcan.

Los distintos elementos que utilicen una red para desarrollar su trabajo deben protegerse para tratar de evitar sufrir un ciberataque. El primer elemento que hace de barrera para proteger a los equipos contra estos ataques es el cortafuegos o *firewall.*

El funcionamiento de los cortafuegos es similar, aunque podemos encontrar distintos tipos de cortafuegos categorizados por el elemento que protegen:

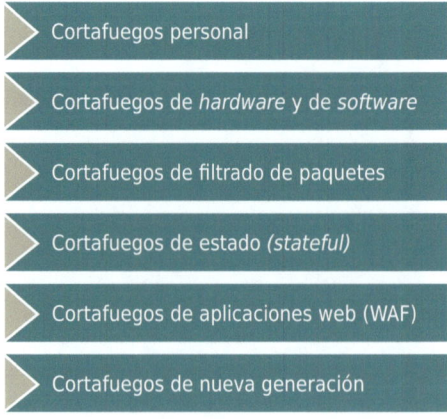

Con la aparición de los dispositivos móviles se desarrolla la denominada *ingeniería social,* que trata de manipular el comportamiento del usuario a través del uso de técnicas psicológicas que acceden a los dispositivos y su información gracias a un error del usuario.

Algunas de las recomendaciones para evitar, en la medida de lo posible, un ataque de ingeniería social son:

1. No abras **correos electrónicos de origen desconocido** o que no hayas solicitado. **Elimínalos** de forma inmediata.

2. No contestes nunca a los **mensajes** que consideres **sospechosos.**

3. Cuidado con los **enlaces** que acompañan a correos electrónicos, mensajes de WhatsApp o redes sociales.

4. Cuidado con los **archivos adjuntos** que se incluyen en los correos electrónicos, mensajes de WhatsApp o redes sociales.

5. Mantén el **sistema operativo y el antivirus siempre activado y actualizados.**

6. **Verifica la seguridad** de los sitios web en los que introduzcas tus datos personales o bancarios.

7. Verifica la seguridad de las redes wifi públicas a las que te conectas. **No compartas datos personales** si te conectas a ellas.

8. Escribe las URL en los navegadores. **No uses los enlaces de los mensajes sospechosos.**

9. **Desconfía** de las personas que acabas de conocer y te informan de **oportunidades de última hora o urgentes.**

10. **Sospecha** si te ofrecen un premio o trabajo idílico que sea **rápido o fácil de conseguir.**

Ejercicios de autoevaluación
Unidad de Aprendizaje 3

1. Se considera un sistema seguro cuando se garantiza…

    a. … la confidencialidad.
    b. … la instalación de un antivirus.
    c. … la recuperación.
    d. … la resistencia a un ataque.

2. La homogeneidad en el uso de los sistemas operativos es…

    a. … un problema porque se puede explotar la misma vulnerabilidad en todos los equipos a la vez.
    b. … una dificultad al personalizar los equipos.
    c. … una ventaja para mantener las redes informáticas.
    d. … una ventaja que dificulta la explotación de una vulnerabilidad.

3. El riesgo que permite el acceso indebido a los sistemas informáticos es…

    a. … de almacenamiento.
    b. … de conexión.
    c. … de *hardware.*
    d. … de *software.*

4. Los caminos elegidos para atacar un equipo se denominan…

    a. … ataques.
    b. … vectores de ataque.
    c. … vulnerabilidades.
    d. Todas las opciones son incorrectas.

5. Un consejo para tratar de reducir el impacto de un ciberataque es:

    a. Implantar un sistema de acceso informático a la empresa.
    b. Implantar una aplicación que guarde las contraseñas de todos los empleados.

c. Implantar una política de contraseñas robustas.

d. Permitir el acceso a la red corporativa desde cualquier red pública.

6. Los ataques que más han aumentado debido al teletrabajo son...

a. ... ataques de fuerza bruta.

b. ... ataques por dispositivos extraíbles.

c. ... correos electrónicos maliciosos.

d. ... explotación de vulnerabilidades.

7. Una etapa que no se encuentra entre las que conforman un ciberataque es:

a. Distribución.

b. Evaluación.

c. Instalación.

d. Reconocimiento.

8. La última etapa de la gestión de los incidentes de ciberseguridad es:

a. Contención

b. Mitigación

c. Posincidente

d. Recuperación

9. Una buena estrategia para realizar copias de seguridad de la información es la que se denomina...

a. ... 3-2-1.

b. ... 2-3-1.

c. ... 1-3-2.

d. ... 1-2-3.

10. **El elemento que protege a los equipos contra los ciberataques en primera línea es:**

   a. El antivirus.
   b. El *firewall.*
   c. El *malware.*
   d. La contraseña del usuario.

Implicaciones en la ciberseguridad de la evolución de las amenazas actuales y de la adopción de nuevas tecnologías

Contenido

1. Introducción
2. Gestión de ingentes cantidades de datos en sistemas cada vez más complejos
3. La inteligencia artificial (IA) será un componente central de todos los sistemas de ciberseguridad
4. La industria de la ciberseguridad se centrará en las amenazas de la guerra cibernética
5. Habrá más *crackers* con los que lidiar
6. Desarrollo del talento en ciberseguridad se vuelve esencial
7. La tecnología heredada seguirá siendo un problema
8. Internet de las cosas (IoT)
9. Supercomputación (computación cuántica)
10. Mayor uso de las redes autoadaptables
11. Generalización del uso de los gestores de seguridad para el acceso a la nube (*cloud access security broker* - CASB)
12. Análisis de amenazas internas mediante sistemas UEBA (*user and entity behavior analytics*)
13. El coronavirus (COVID-19) lo ha cambiado todo (teletrabajo y la ciberresiliencia)
14. Resumen

Objetivos

El objetivo general de esta Unidad de Aprendizaje es:

→ Concienciar en base a antecedentes en nuestra historia reciente, y a los nuevos avances que en tecnología que se prevén estar, en los próximos años, al alcance de la población y de las organizaciones, poder entender, en comprender e intuir la dirección general en la que nos dirigimos en el futuro desde la perspectiva de la ciberseguridad.

Los objetivos específicos de esta Unidad de Aprendizaje son:

→ Analizar la influencia de la inteligencia artificial (IA) en la ciberseguridad.

→ Evaluar la importancia que ha adquirido la ciberseguridad en la época pandémica debida a la COVID-19.

→ Establecer las vulnerabilidades a las que se enfrentan los equipos y sistemas obsoletos.

→ Comparar las ventajas e inconvenientes de la autenticación multifactor.

1. Introducción

Casi sin darnos cuenta, estamos en un contexto en el que han aumentado las amenazas y vulnerabilidades sin distinción del ámbito en el que se llevan a cabo, tanto empresarial como personal.

Este aumento de los ataques nos obliga a tomar medidas de protección para evitarlos o minimizar sus riesgos, aunque en muchas ocasiones tendemos a pensar que nuestros dispositivos o datos almacenados no tienen interés para los ciberdelincuentes o que a nosotros no nos pasará.

Además del contexto cambiante y el avance tecnológico, no nos podemos olvidar de la posibilidad de que aparezcan elementos que provoquen, en un momento puntual, cambios importantes en la forma de comportarnos, actuar y relacionarnos, como fue la COVID-19 y que fue aprovechada por los ciberdelincuentes para lanzar ataques masivos, debido a que no estábamos preparados para hacer frente a una pandemia.

Enric y Saïda se han dado cuenta de que se ha producido un aumento importante de la cantidad de ataques que se reciben tanto empresarial como personalmente, pero coinciden en que, tras la pandemia de la COVID-19, la cantidad de mensajes fraudulentos que reciben en sus dispositivos ha aumentado, motivo por el cual han debido implementar distintos elementos de protección de la información que guardan en ellos.

2. Gestión de ingentes cantidades de datos en sistemas cada vez más complejos

 HILO CONDUCTOR

Saïda acaba de realizar una factura usando el ordenador que tienen en el restaurante y le ha despertado la curiosidad acerca de la manera en la que se almacenan los datos de los clientes, de forma que, únicamente introduciendo el número de su documento de cliente, el programa muestra la totalidad de los datos necesarios para la factura. Enric, habitualmente, almacena los datos que necesita en una hoja de cálculo, pero desconoce otros métodos que puede usar cuando estos son en grandes cantidades.

Habitualmente, manejamos datos e información que organizamos de distintas maneras, como por ejemplo los contactos de la agenda telefónica, que ordenamos alfabéticamente, o cuando realizamos una búsqueda en una librería, por autores, editoriales, etc.

Todos estos datos se ordenan de forma estructurada en tablas en las que, mediante filas y columnas, se almacenan los distintos tipos de datos, para posteriormente acceder, modificar, actualizar, organizar o consultarlos.

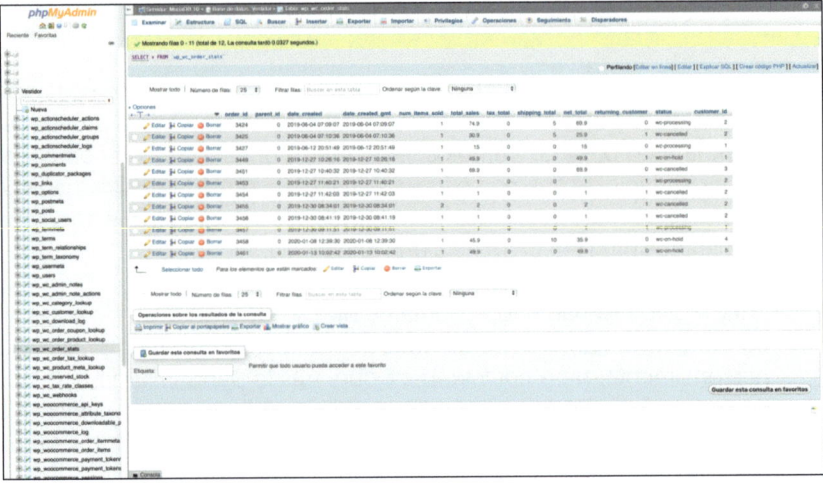

Base de datos correspondiente al estado de los pedidos de un comercio online

 **RECUERDA**

Podemos definir una base de datos como un conjunto de información relacionada que se encuentra estructurada y agrupada.

- -

Las bases de datos se comenzaron a utilizar en los años 60, y en la década de los 80 se vuelven populares las denominadas **bases de datos relacionales,** que se sustituyeron en los años 90 por las **bases de datos orientadas a objetos.**

Las bases de datos podemos clasificarlas en:

Bases de datos		
Posibilidad de modificación	**Contenido**	**Organización**
- Estáticas - Dinámicas	- Bibliográficas - Texto completo - Directorios	- Jerárquicas - Red - Transaccionales - Relacionales - Lógicas

 **PARA SABER MÁS**

Puedes ampliar la información acerca de los tipos de bases de datos en la web de Graph Everywhere, accediendo acceder desde aquí:

https://redirectoronline.com/ifct890401

Las bases de datos utilizan de manera habitual para su gestión los sistemas **MySQL** o **MariaDB.** Ambos tienen la capacidad de manejar una gran cantidad de consultas de forma simultánea.

Estas bases de datos, en las que se almacena la información de la empresa y con las que trabajan los CRM o sistemas de gestión, son los elementos que más se deben cuidar en todo entorno empresarial, puesto que es donde se almacenan la totalidad de los datos con los que trabaja (clientes, proveedores, artículos, facturación, etc.).

IMPORTANTE

Al estar toda la información en la misma ubicación, los ciberdelincuentes se encuentran con que, con un único ataque, acceden a todos los elementos de la base de datos. Este es el motivo por lo que las bases de datos y los servidores son atacados de forma continua, por lo que deben protegerse mediante contraseñas robustas y distintos sistemas de seguridad que protejan la información que se aloja en su interior.

---

3. La inteligencia artificial (IA) será un componente central de todos los sistemas de ciberseguridad

☞ HILO CONDUCTOR

Enric se ha dado cuenta de que continuamente aparecen nuevas aplicaciones y páginas web que incorporan la inteligencia artificial, y comenta con Saïda que es peligroso que se acostumbren a solventar sus necesidades usando este modelo de inteligencia. Saïda afirma que se deben establecer métodos de control y protección de los sistemas que utilizan la inteligencia artificial, aprovechando que está en auge.

El avance de la inteligencia artificial es imparable, cada día aparecen nuevas aplicaciones y programas que **simulan la inteligencia humana** y que ofrecen unos resultados difíciles de identificar si han sido generados por un equipo informático o por un humano.

El empleo de la inteligencia artificial va a provocar la **aparición de nuevos tipos de amenazas,** que tendrán mayores consecuencias con un esfuerzo menor gracias a la automatización de los ataques, ya que se podrá "disfrazar" un ataque sin que se pueda distinguir quién lo ha lanzado.

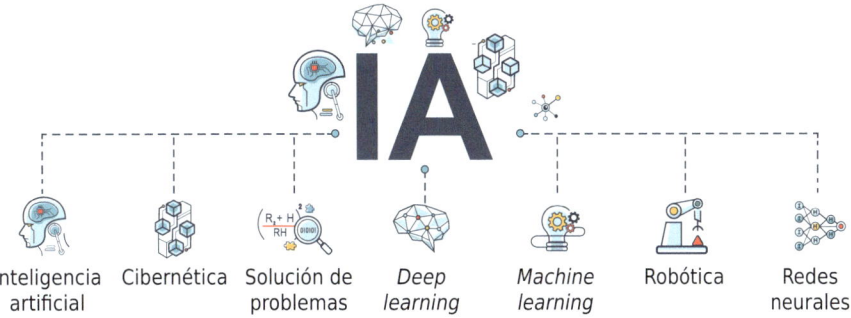

| Inteligencia artificial | Cibernética | Solución de problemas | *Deep learning* | *Machine learning* | Robótica | Redes neurales |

La inteligencia artificial está integrada en todos los ámbitos de nuestro día a día.

Para protegernos contra este tipo de ciberataques se han desarrollado **herramientas y técnicas** que, mediante el uso de la inteligencia artificial y el aprendizaje automático *(machine learning)*, ayudan a proteger nuestros equipos y dispositivos y la información que almacenamos en ellos. Así, se puede hacer uso de:

Aprendizaje automático
- Podemos detectar amenazas basándonos en el análisis de los datos y comportamientos de forma que ante cualquier anomalía se puedan detectar los ataques con mayor precisión y sin perder de vista que la capacidad de análisis de la inteligencia artificial es muy superior a la que pueda tener cualquier persona.

Uso de datos biométricos
- Las tendencias actuales de protección de equipos y acceso a los datos almacenados en los mismos pasa por el uso de datos biométricos, es decir, mediante huellas digitales, análisis de retinas de ojos o mediante el reconocimiento facial, de manera que, al obligar al usuario a usar unas características únicas que lo diferencian del resto, se protegen los datos y los equipos contra accesos no deseados.

 **PARA SABER MÁS**

Puedes consultar un artículo del diario *El País* en el que se informa acerca del programa ABIS de identificación de sospechosos usando el reconocimiento facial para los Cuerpos y Fuerzas de Seguridad del Estado. Para ello accede desde aquí.

Continúa en página siguiente >>

<< Viene de página anterior

https://redirectoronline.com/ifct890402

 ACTIVIDAD COMPLEMENTARIA

6. Investiga acerca de la importancia que está adquiriendo la inteligencia artificial en el ámbito de la ciberseguridad y en qué ámbitos puede ser utilizada.

---

4. La industria de la ciberseguridad se centrará en las amenazas de la guerra cibernética

 HILO CONDUCTOR

Saïda le acaba de decir a Enric que está todo el día pendiente del dispositivo móvil y que guarda toda su información en él, a lo que Enric le ha respondido que la información que guarda en sus dispositivos no es relevante para los ciberdelincuentes. Saïda le ha respondido que esa es una falsa creencia, puesto que los ciberdelincuentes quieren datos independientemente del ámbito del que procedan, por lo que debe fijarse en las acciones que lleva a cabo para tratar de evitar ser víctima de un ataque.

La digitalización en la que estamos inmersos nos lleva hacia un mundo cada vez más hiperconectado en el que la **conectividad 24/7** y el uso de cada vez una mayor cantidad de recursos digitales provocan que la ciberseguridad se vuelva imprescindible.

Las **guerras cibernéticas** que hemos visto en algunas películas de ficción se han vuelto habituales gracias al incremento de las tecnologías en nuestro día a día tanto en las empresas públicas y privadas como en los dispositivos personales.

Los ciberataques más habituales que sufren las Administraciones públicas y las empresas las podemos clasificar en:

- **Ataques a la cadena de suministro.** Este tipo de ataques afectan tanto a las empresas públicas como privadas. Se centran en atacar a los proveedores de forma que se bloquea el suministro a sus clientes, afectando a las empresas que dependen de sus suministros.
- **Brechas de seguridad.** Las prisas con las que se llevó a cabo la digitalización de las empresas y la implantación del teletrabajo debido a la pandemia provocó un aumento de las brechas de seguridad debido a la necesidad de que las telecomunicaciones y la actividad empresarial siguieran funcionando, descuidando la seguridad de las redes y los equipamientos.
- **Aumento del *ransomware*.** Este tipo de ataques se ha convertido en una fuente de ingresos para los ciberdelincuentes, que solicitan un rescate económico por desbloquear sistemas que previamente han encriptado, además de obtener un rendimiento económico en la deep web vendiendo el proceso mediante el que han llevado a cabo el ataque.
- **Guerra cibernética.** La guerra cibernética es el enfrentamiento entre naciones que utilizan internet como elemento de ataque entre ellos para desestabilizar o dañar a la nación contraria.
- **Noticias falsas.** Las noticias falsas se utilizan para llevar a cabo robo de datos o credenciales de accesos, así como para tratar de generar un comportamiento en un grupo poblacional. Ejemplo de esto fueron la cantidad de noticias falsas que se publicaron con respecto a las vacunas y métodos de cura de la COVID-19.

PARA SABER MÁS

Puedes obtener información de distintos ataques sufridos en el año 2022 por el Consejo General del poder Judicial (CGPJ), por el Ministerio de Asuntos Económicos y Transformación Digital y por la empresa aseguradora Generali. Para ello, accede desde aquí:

Continúa en página siguiente >>

<< *Viene de página anterior*

Ciberataque 1	Ciberataque 2

https://redirectoronline.com/ifct890404	*https://redirectoronline.com/ifct890405*

Ciberataque 3

https://redirectoronline.com/ifct890406

 ## APLICACIÓN PRÁCTICA

Irene está organizando la información de los clientes de su empresa y para ello ha decidido que usará una base de datos. Una condición que quiere que tenga esta base de datos es que le permita actualizar los datos cuando un cliente cambie algunos de los datos de contacto o de facturación que tiene almacenados en dicha base de datos.

¿Puedes indicarle a Irene el tipo de base de datos que debe implementar para almacenar los datos y que cumpla la condición requerida?

Continúa en página siguiente >>

<< Viene de página anterior

Solución

Las bases de datos dinámicas son aquellas que permiten la modificación, edición o borrado de los datos una vez introducidos.

---

5. Habrá más *crackers* con los que lidiar

 HILO CONDUCTOR

En el descanso, Saïda y Enric comentan que cada vez reciben una mayor cantidad de correos y mensajes de texto en los que les informan de la recepción de un paquete o el bloqueo de sus cuentas bancarias, y se preguntan si estas acciones las lleva a cabo el mismo atacante o quizás se hayan especializado en una manera de ataque concreta. Saïda cree que todos los *hackers* son malignos, a lo que Enric le comenta que también hay *hackers* que se dedican a ayudar a las empresas detectando y solucionando sus vulnerabilidades.

Como hemos ido poniendo de manifiesto en los distintos elementos que hemos visto hasta ahora, todo dispositivo que tiene conexión a internet tiene la posibilidad de sufrir un ciberataque.

Cualquier dispositivo conectado a internet puede ser hackeado.

5.1. Los piratas informáticos o *hackers*

Las personas que llevan a cabo cualquier tipo de ataque se denominan **piratas informáticos** o ***hackers.*** Utilizamos la misma denominación que la usada en el comercio marítimo. Se define un **pirata marítimo** como la persona que trata de interceptar la navegación para usarla en su propio beneficio o para finalidades maliciosas.

Debemos reconocer que en multitud de ocasiones usamos el término de manera genérica, cuando queremos referirnos a un experto tecnológico que usa sus conocimientos y habilidades para realizar operaciones ilícitas, que le permiten acceder a la información confidencial que se encuentra en otros dispositivos o que pertenece a otros usuarios.

Sin embargo, **no todos los *hackers* son delincuentes,** podemos encontrar algunos que han aprovechado sus conocimientos para ayudar a empresas y personas a proteger sus dispositivos y la información contenida en estos.

Podemos categorizar los piratas informáticos o *hackers* en dos grandes grupos:

White hat (sombrero blanco o éticos)	*Black hat* (Sombrero negro o delincuentes)
- Localizar las vulnerabilidades y fallos de seguridad para solucionarlos y proteger los activos.	- Buscan las debilidades del sistema para atacarlo.

5.2. Los *crackers* y otros tipos de delincuentes

Por otra parte, también se habla de la figura del ***cracker,*** que es un individuo malintencionado que intenta acceder a los sistemas informáticos sin tener la autorización pertinente y que, habitualmente, actúa de manera grupal.

Como habrás supuesto, los *hackers* y los *crackers* tienen una diferencia fundamental y es **el uso que realizan de la información;** mientras que los *hackers* irrumpen en las redes para localizar y corregir sus vulnerabilidades, informan a la empresa o individuo de las acciones que van a llevar a cabo, los *crackers* aprovecharán las vulnerabilidades para obtener un rendimiento económico sin el consentimiento del usuario o de la empresa.

Entre las **acciones más habituales que lleva a cabo un *cracker*,** podemos encontrar las siguientes:

- **Instalar troyanos.** Es el primer paso que llevan a cabo los ciberdelincuentes para lanzar un ataque mediante la ingeniería social por ser este tipo de ataque con el que mejores resultados obtienen.
- **Instalar analizadores.** Les permite acceder a la navegación que se lleva a cabo usando los navegadores y obtener los datos introducidos por los usuarios.
- **Ataques de fuerza bruta.** Este tipo de ataques consisten en tratar de averiguar el usuario y la contraseña de una persona para acceder a un sistema sin la autorización correspondiente.
  Este tipo de ataques tienen una alta efectividad y son muy sencillos de llevar a cabo.
- **Ataques de denegación de servicio.** Este tipo de ataques tratan de inundar al servidor de peticiones de tráfico para provocar su interrupción y que este deje de funcionar durante un periodo de tiempo lo más largo posible.
- ***Phishing.*** Son ataques basados en el engaño de las personas suplantando mediante un mensaje de texto a una entidad de confianza del usuario, de forma que, al clicar sobre el enlace, se descargue un archivo malicioso que acceda a una página en la que se le van a robar sus datos.
- **Crear sitios web falsos.** Mediante la creación de un sitio web falso se trata de engañar a los usuarios para obtener sus datos de acceso a los sitios reales.
  Habitualmente, este tipo de sitios web son tan parecidos que son difíciles de identificar a no ser por su dominio (URL).
- **Ingeniería inversa.** Estos ataques alertan al usuario de un problema en su dispositivo para obligarlo a llevar a cabo una acción rápida, sin pensar, para obtener el acceso a sus datos.

 **PARA SABER MÁS**

En el portal de noticias de la Escuela Actual tienes disponible una publicación sobre los piratas informáticos, accede desde aquí para consultarlo:

Continúa en página siguiente >>

<< Viene de página anterior

https://redirectoronline.com/ifct890407

Además de los crackers, podemos encontrar **otros tipos de ciberdelincuentes:**

- **De sistemas.** Programadores que modifican los datos de un programa para hacerlo funcionar como si fuese original.
- **De criptografía.** Este tipo de ciberdelincuentes están especializados en romper la criptografía de protección de los datos.
- *Phreaker.* Su campo de acción es la telefonía, actuando de la misma manera que los criptográficos.
- *Ciberpunk.* Ciberdelincuentes de páginas web o sistemas informáticos que se dedican a destruir el trabajo del resto de programadores.
- *Lammer.* Ciberdelincuente que presume de tener unas capacidades que no posee y que no tiene la intención de aprender. Quiere aparentar ante el resto de las personas del entorno que dispone de un conocimiento que no tiene.
- *Trasher.* Buscan en la basura de los cajeros automáticos para encontrar cualquier dato que les permita acceder a las cuentas de los usuarios a través de internet.
- *Insiders.* Son trabajadores descontentos que atacan a su empresa para generarle daños.

 ACTIVIDAD COMPLEMENTARIA

7. Investiga de forma más amplia sobre las características que diferencian a un *hacker* de un *cracker.*

6. Desarrollo del talento en ciberseguridad se vuelve esencial

☞ HILO CONDUCTOR

La empresa de Enric y Saïda quiere formar a sus empleados sobre la importancia de la ciberseguridad para que sean capaces de evitar los posibles ataques que sufran. El motivo no es otro que, de acuerdo con los trabajadores, el haber descubierto que les puede ayudar tanto en su desempeño profesional como en su entorno personal para evitar posibles sanciones en el campo empresarial y quebraderos de cabeza en el ámbito personal. Aunque inicialmente será formación básica, puede que tanto Enric como Saïda acaben certificándose en este campo.

Uno de los problemas a los que nos enfrentamos actualmente es la escasez de personas formadas en la ciberseguridad, aunque cabe destacar que, debido a la pandemia, se ha incrementado en los últimos tiempos.

Se espera que siga en aumento la cantidad de especialistas en la materia, lo que obliga a una **formación.** Dentro del campo de la formación hay diferentes empresas que ofrecen sus cursos y homologaciones, aunque, si se desea, se puede **homologar la certificación** mediante la obtención de cualquiera de las siguientes opciones:

- **Cism** *(certified information security manager).* Certificación destinada a perfiles encargados de la seguridad y garantía de la información y la gestión de riesgos. Esta certificación se recomienda para los administradores de sistemas de información.
- **Ceh** *(certified ethical hacker).* Certificación avanzada en la que se realizan pruebas de penetración en los equipos para evaluar la seguridad de la empresa e identificar riesgos en la infraestructura de la red informática. Se requiere una experiencia mínima de dos años en el campo de la seguridad informática.
- **CRISC** *(Certified in Risk and Information Security Control).* Esta acreditación permite certificar las capacidades de identificación y evaluación de los riesgos de una organización. Para esta certificación son necesarios, al menos, tres años de experiencia en la gestión de riesgos, y dominar dos de los ocho temas que se encuentran en el material de estudio.
- **Cissp** *(certified information systems security professional).* Es la mejor certificación en ciberseguridad, ya que demuestra la madurez de los

profesionales encargados de la ciberseguridad, que tienen un conocimiento sólido en dicho campo. Dentro de esta certificación se incluyen las tareas de diseño, implementación y gestión de sistemas de seguridad de la información. Se debe contar con al menos cinco años de experiencia trabajando en este campo y dominar dos de los ocho temas que se encuentran en el material de estudio.

➲ **Ccsp** *(certified cloud security professional).* Esta certificación incorpora los aspectos relacionados con la seguridad en los entornos *cloud* o en la nube.

En el ámbito privado, debemos preocuparnos personalmente por la seguridad de los datos y los dispositivos, volcando esos cuidados y buenas prácticas al trabajar con datos empresariales. A nivel empresarial se está invirtiendo en formación de los trabajadores en ciberseguridad, lo que redunda en un establecimiento de buenas prácticas que llevar a cabo cuando se trabaje tanto con dispositivos personales como empresariales.

Un elemento importante dentro de la ciberseguridad es la **automatización** de esta. Si conseguimos proteger con *software* o *hardware* nuestros procesos y rutinas de trabajo, podremos centrarnos en las actividades esenciales de nuestro día a día.

IMPORTANTE

Podemos afirmar que actualmente la ciberseguridad desempeña un papel cada vez más importante no solo a nivel profesional, sino también a nivel personal.

APLICACIÓN PRÁCTICA

Nerea quiere certificarse en ciberseguridad, ya que ha detectado que hay una falta de profesionales y ve la certificación como un elemento que le puede ayudar a encontrar trabajo. Nerea tiene el inconveniente de que, aunque es administradora de sistemas, ha finalizado sus estudios recientemente y no tiene experiencia.

¿Puedes indicarle a Nerea cuál es la certificación a la que puede acceder?

Continúa en página siguiente >>

<< *Viene de página anterior*

Solución

Actualmente, la única certificación a la que puede acceder Nerea es a CISM (Certified Information Security Manager), puesto que para el resto de las opciones se requieren años de experiencia mínima trabajando en el sector de la ciberseguridad.

----

7. La tecnología heredada seguirá siendo un problema

👉 HILO CONDUCTOR

Esta mañana, cuando han comenzado su jornada de trabajo, Saïda y Enric se han encontrado con que el terminal de cobro ha dejado de funcionar, por lo que han tenido que avisar a la empresa mantenedora para que se lo reparase. Cuando ha llegado el técnico, lo primero que ha hecho ha sido reiniciar el equipo y cuál ha sido la sorpresa de Enric y Saïda al ver que estaba funcionando con un sistema operativo obsoleto. Al preguntarle al técnico sobre la reparación, este les ha contestado que puede que funcione, pero que, al no tener soporte el sistema operativo, el equipo es vulnerable a los ataques, por lo que se debería pensar en sustituirlo por otro equipo más actual.

El avance de la tecnología provoca su obsolescencia, de forma que, con el paso del tiempo, los equipos y sistemas deban ser sustituidos por otros más actuales.

La tecnología heredada, también denominada *legacy,* se refiere a las aplicaciones, tecnologías o sistemas obsoletos que no se pueden actualizar, pero que todavía siguen funcionando y prestando un servicio imprescindible, lo que impide su reemplazo.

Entre los motivos por los que se utilizan los sistemas heredados se encuentran:

> Cubren una necesidad empresarial relevante o son sistemas críticos para el funcionamiento normal de la empresa.

> Es una inversión que se hizo hace tiempo, pero que todavía no se ha amortizado.

> No pueden dedicar recursos de personal, tiempo o económicos a cambiar el sistema.

> No se dispone de todos los elementos necesarios para llevar a cabo la migración del sistema.

> Las especificaciones técnicas del nuevo sistema no cumplen con las del actual, debido a la cantidad de modificaciones que se han llevado a cabo sobre este.

> La empresa no quiere cambiar el sistema.

Aunque esta tecnología sigue funcionando, no debemos perder de vista que cada vez son mayores las **vulnerabilidades** a las que se enfrenta, debido a los siguientes aspectos:

- **Compatibilidad.** Los sistemas *legacy* pueden volverse incompatibles con otros sistemas esenciales para la empresa, de forma que puede que no puedan utilizar la totalidad de las características que les ofrezcan estos nuevos sistemas.
- **Soporte.** Una vez que la empresa fabricante ya no ofrezca soporte para el sistema, en caso de que surjan problemas, no se contará con un soporte técnico que ayude en su resolución.
- **Actualizaciones.** Al estar creado con tecnologías antiguas, puede que las actualizaciones que se lancen para las nuevas versiones sean incompatibles con la versión que se está utilizando, impidiendo el uso de todas las características disponibles.
- **Integración.** Este tipo de sistemas se diseñan para trabajar solos sin integrarse con otros, por lo que no se pueden compartir los datos utilizados.
- **Seguridad.** La falta de soporte, actualizaciones y el uso de protocolos antiguos provocan que las vulnerabilidades que se detecten no puedan corregirse, lo que supone un fallo de seguridad importante, que deja los datos y el sistema sin protección contra los ciberatacantes.
- **Rendimiento.** Con el tiempo, los sistemas y equipos se ralentizan, lo cual provoca una reducción en la productividad de los usuarios y en la eficiencia al trabajar con los datos almacenados en este.

⮑ **Inversión.** Migrar un sistema *legacy* implica costes, pero nunca serán mayores que el coste de inversión en un recurso que con el tiempo deberá ser reemplazado.

 PARA SABER MÁS

A continuación puedes consultar a una breve guía para la modernización de los sistemas heredados que puede ayudarte en el caso de que tengas este tipo de sistemas. Accede desde aquí para leerla:

https://redirectoronline.com/ifct8913

8. Internet de las cosas (IoT)

 HILO CONDUCTOR

Esta mañana les han traído el nuevo equipo de cobro a Enric y Saïda, puesto que el anterior no tenía soporte y sus datos quedaban al descubierto, por lo que podían sufrir un ciberataque. Este equipo tiene la posibilidad de conectarse con los servicios *online* de los proveedores, de forma que tiene la capacidad de realizar los pedidos o incluso de transmitir los datos financieros a la asesoría para que lleve a cabo las liquidaciones correspondientes a los impuestos. Saïda le comenta a Enric que supone que esta transmisión de datos estará cifrada, puesto que, de no ser así, todos los datos quedarán al descubierto y podrán ser capturados por cualquier atacante que interfiera en dicha transmisión de datos.

Un nuevo término que se ha incorporado a nuestro lenguaje es el concepto intangible llamado **internet de las cosas** (**IoT-***internet of things***),** referido a la conexión de los distintos equipos que intervienen para ejecutar una acción determinada. Prácticamente todos los dispositivos que se lanzan actualmente al mercado tienen la posibilidad de conectarse a internet.

Un ejemplo de IoT es la conexión a internet que se produce entre nuestro *smartphone* y la centralita que nos permite subir o bajar un toldo de nuestra vivienda desde el otro extremo de la población en la que vivimos.

El internet de las cosas (IoT) es el proceso que permite conectar los elementos físicos cotidianos al Internet.

 **VÍDEO**

Puedes consultar un vídeo en el que se explica qué es el internet de las cosas (IoT) y cómo funciona. Accede desde aquí:

https://redirectoronline.com/ifct890415

8.1. Dispositivos y asistentes virtuales

Los dispositivos se conectan usando el proceso denominado **M2M** *(machine to machine)* utilizando cualquier conectividad como wifi, *bluetooth,* redes cableadas, inalámbricas, etc. Es el mismo concepto que se utiliza cuando jugamos o compartimos archivos *online* con otros usuarios mediante la conexión P2P *(peer to peer)*.

SABÍAS QUE...

Según el Worldwide Global DataSphere IoT Devices and Data Forecast, para el año 2025 alcanzaremos los 41.600 millones de dispositivos conectados.

Los asistentes por voz de los dispositivos móviles, los altavoces inteligentes como el Home Pod de Apple, el Echo Dot de Amazon o Google Next recolectan, procesan y analizan una gran cantidad de información acerca del comportamiento del usuario mediante el procesado de la información que les facilitamos, interconectándose con otros dispositivos para realizar la acción indicada.

PARA SABER MÁS

En la página web de Amazon Web Services (AWS) puedes consultar una explicación acerca del IoT y distintos ejemplos de uso accediendo desde aquí:

https://redirectoronline.com/ifct890410

Toda la intercomunicación que se produzca entre los dispositivos para llevar a cabo la automatización puede ser aprovechada por los atacantes para su propio beneficio. Algunas de las amenazas más habituales son:

⮞ **Privacidad y protección de datos.** En los últimos años hemos asistido a un aumento de los llamados **dispositivos inteligentes,** que han provocado una creciente preocupación por la recopilación de los datos que son capaces de almacenar.
Dentro de este grupo encontramos televisores inteligentes que escuchan y pueden llegar a grabar conversaciones, peluches que graban la voz y envían los datos al fabricante o los asistentes virtuales que vienen instalados en nuestros *smartphones.*
Una de las características que más se está reclamando por parte de los usuarios es aumentar el control sobre la conectividad de los equipos desactivando las funciones indeseadas por el usuario.

⮞ *Malware.* Los dispositivos IoT no suelen contar con grandes medidas de seguridad que protejan tanto la red en la que están conectados como el propio equipamiento, lo que facilita a los *hackers* conectarse a ellos y llevar a cabo el ataque usando estos dispositivos.
No debemos olvidar que los dispositivos IoT tienen un bajo nivel de seguridad y almacenan una gran cantidad de información, por lo que son objetivos atractivos para los ciberdelincuentes.

⮞ **Secuestros de dispositivos.** Uno de los puntos débiles de los dispositivos son las cámaras de seguridad, lo que las convierte en objetivos preferentes para los *hackers* que quieren secuestrar el dispositivo.
Se han producido casos en los que un atacante elevó por encima de los 30 °C la temperatura de una casa, otros que amenazaron con el secuestro de un bebé al que sus padres vigilaban con una cámara, etc.

La mayoría de los ataques que se llevan a cabo mediante el uso de los dispositivos conectados son debidos a descuidos personales de los usuarios. Estos ataques se pudieron llevar a cabo por no utilizar contraseñas seguras o por no sustituir las que tienen por defecto los propios equipos.

 **NOTA**

La Unión Europea presentó el día 14 de septiembre de 2022 la Ley de Ciberresiliencia, que establece los requisitos y estándares que deben cumplir los productos con componentes digitales.

Entre los elementos que nos ofrece el internet de las cosas, encontramos sensores y reguladores de luz, localizadores para animales de compañía, hornos o cubos de basura, es decir, todos aquellos elementos que ayudan a las personas a hacer su vida más fácil y estar conectadas con todos los elementos que las rodean.

 EJEMPLO

En el blog de Nts-solutions tienes disponible una entrada en la que muestran distintos ejemplos en los que se utiliza el internet de las cosas, accede desde aquí para consultarla:

https://redirectoronline.com/ifct890411

 TAREA 6

Isabel tiene que crear el nuevo departamento de comunicación en su empresa y para ello ha decidido reutilizar los equipos antiguos que usan *Windows 8* almacenados en la empresa porque, según ella, "solo necesitan internet, y un procesador de textos para abrir algunos documentos".

¿Puedes indicarle a Isabel el motivo por el que llevar a cabo esa acción es desaconsejable desde el punto de vista de la ciberseguridad?

9. Supercomputación (computación cuántica)

☞ HILO CONDUCTOR

Enric le enseña a Saïda una noticia del periódico en la que se informa acerca de los computadores cuánticos como elementos que próximamente se usarán en la informática sustituyendo a los equipos tradicionales. Saïda cree que los equipos con los que trabajan actualmente son suficientes, pero sin perder de vista que, cuanto mayor sea la cantidad de datos con los que van a trabajar, mayor debe ser la capacidad de procesamiento de los ordenadores, lo que los convertirá en objetivos principales de los atacantes, ya que, si un ciberdelincuente consigue atacar un equipo de estas características, le hará ganarse un sitio dentro de los ciberdelincuentes más relevantes.

- -

La computación cuántica es una nueva tecnología que actualmente se encuentra en auge gracias a las posibilidades que ofrece para resolver problemas con una alta complejidad gracias a que integra los **principios de la mecánica cuántica,** lo que le permite aumentar la potencia de procesamiento.

Estos principios son:

⊃ **Superposición:**

  ◍ La superposición establece que, se pueden tener dos o más estados cuánticos obteniendo como resultado otro estado cuántico válido.
  ◍ Cada estado cuántico también se puede representar como la suma de dos o más estado distintos.
  ◍ Este principio les permite a los ordenadores cuánticos el procesado de millones de operaciones simultáneamente.

⊃ **Entrelazamiento:**

  ◍ Es la capacidad de los qubits para relacionar su estado con otros. Es decir cuando dos sistemas se vinculan de manera tan estrecha el conocimiento sobre uno nos ofrece el conocimiento del otro independientemente de la separación que haya entre ellos.
  ◍ Pueden resolver problemas complejos de una manera más rápida.

⊃ **Decoherencia:**

- ⊍ Es la pérdida del estado cuántico en un bit.
- ⊍ Pueden ser debida a la radicación, a los campos externos o resto de características del entorno que les afectan.

9.1. Ventajas de uso de la computación cuántica

La mayor **ventaja** que presenta la computación cuántica frente a la tradicional es la posibilidad de realizar una mayor cantidad de operaciones de manera simultánea gracias su mayor potencia de cálculo, aumento de la capacidad de memoria y un consumo menor de energía, todo ello sin procesador ni lenguaje específico, ya que se basa en algoritmos.

La unidad de información en la computación cuántica es el **qubit,** que tiene la capacidad de superposición, es decir, que puede tomar varios valores a la vez, siendo esta la característica que le permite desarrollar procesos complejos.

SABÍAS QUE...

El mayor computador cuántico trabaja con 256 qubits y pertenece a la empresa QuEra Computing.

Logotipo de la empresa QuEra Computing, que ha desarrollado el computador cuántico capaz de trabajar con 256 qubits

RECUERDA

La unidad básica de información en la computación cuántica es el qubit, que puede tener dos o más estados.

APLICACIÓN PRÁCTICA

Juan se está iniciando en la computación práctica y está repasando sus apuntes y se ha dado cuenta de que él tiene escrito que los principios de la computación cuántica son tres, pero él tiene anotados cuatro.

¿Puedes indicarle cuál es el incorrecto?

• **Decoherencia**
• **Entrelazamiento**
• **Integración**
• **Superposición**

Solución

Los tres principios en los que se basa la computación cuántica son la superposición, el entrelazamiento y la decoherencia, siendo el incorrecto Integración.

10. Mayor uso de las redes autoadaptables

HILO CONDUCTOR

Si algo han aprendido Saïda y Enric es que la ciberseguridad dentro del ámbito profesional adquiere una gran importancia y que la protección contra los ataques, debido a la evolución de la tecnología, ya no puede ser reactiva, esperando a que se produzca el ataque, sino que debe ser proactiva, actuando frente al ataque cuando se detecta en cualquiera de los elementos que integran la estructura de una red de datos.

Debido al crecimiento de los dispositivos, la integración de la nube y un incremento en la cantidad y diversidad de las ciberamenazas, se han establecido nuevos requisitos para el diseño y gestión de las redes de comunicación. Para mejorar la gestión de las redes se utilizan las **redes autoadaptables,** que son aquellas que se adecúan a las necesidades de cada empresa o negocio y están enfocadas para ayudar a las empresas a cambiar de una protección reactiva (una vez se produce el ataque) a proactiva (cuando el ataque todavía no se ha producido, pero se ha detectado).

Estas redes (autoadaptables) interpretan y configuran las redes de manera automática a las necesidades empresariales. Esta capacidad de verificación del tráfico les permite evaluar constantemente el tráfico entre dispositivos.

Algunas **ventajas** que podemos encontrar al implementar este tipo de redes son:

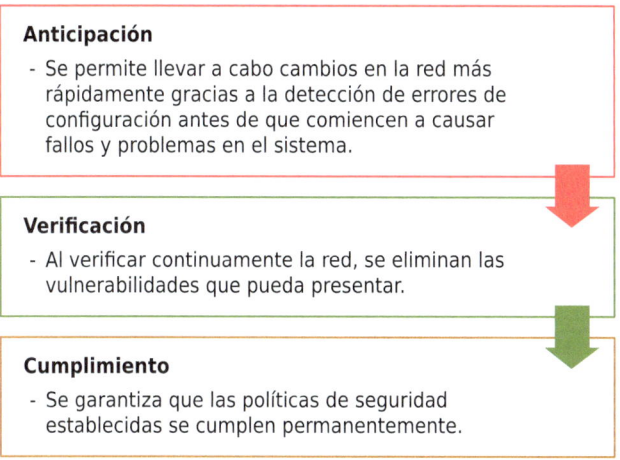

Anticipación
- Se permite llevar a cabo cambios en la red más rápidamente gracias a la detección de errores de configuración antes de que comiencen a causar fallos y problemas en el sistema.

Verificación
- Al verificar continuamente la red, se eliminan las vulnerabilidades que pueda presentar.

Cumplimiento
- Se garantiza que las políticas de seguridad establecidas se cumplen permanentemente.

Este tipo de redes se pueden implementar en entornos cableados o inalámbricos ofreciendo, en tiempo real, un análisis de lo que sucede entre usuarios y aplicaciones. En algunos casos, se puede almacenar el historial o estimar una predicción de acuerdo con este.

Estas redes ayudan a los departamentos de infraestructuras de la tecnología de la información (TI) en:

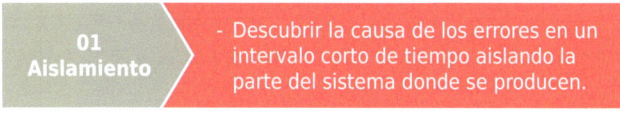

01 Aislamiento
- Descubrir la causa de los errores en un intervalo corto de tiempo aislando la parte del sistema donde se producen.

Continúa en página siguiente >>

<< Viene de página anterior

02 Replicación	- El guardado de instantáneas del estado de la red les permite volver al momento en el que se produjo el problema, y replicarlo para buscar la solución más adecuada.
03 Resolución	- La resolución del problema se realiza de forma proactiva mediante un guiado de los pasos que deben seguirse para que el sistema vuelva a funcionar con normalidad.

11. Generalización del uso de los gestores de seguridad para el acceso a la nube (*cloud access security broker* - CASB)

☞ HILO CONDUCTOR

El sistema de facturación que tiene implementado el terminal con el que trabajan Saïda y Enric guarda toda la información que genera en la nube, lo que hace obligatorio instalar un elemento que proteja dicha información. Ante la pregunta de Enric acerca de esta protección, el técnico le ha informado de que el sistema tiene implementado un gestor de seguridad para acceder a la nube que se basa en distintas maneras de identificación antes de acceder a los datos almacenados.

Los **gestores de seguridad para el acceso a la nube** (CASB) son el punto que protege el acceso a los recursos informáticos que se encuentran alojados en la nube o servicios *cloud,* para garantizar que únicamente aquellos usuarios autorizados pueden acceder a los servicios y datos almacenados.

Estos equipos permiten el **cifrado de la información,** así como gestionar los permisos de acceso a esta, incorporando aplicaciones de análisis contra el *malware* o *software* malintencionado, en tiempo real, que trate de acceder o sustraer datos, además de proteger la conexión entre cualquiera de los dispositivos que se utilicen para acceder a los datos y el servidor *cloud.* De esta manera, los administradores del sistema únicamente se tienen que preocupar de establecer las políticas de seguridad y permisos, y será el gestor de seguridad el que cumplirá las condiciones.

 SABÍAS QUE...

El término CASB apareció en el año 2012 debido al incremento de los servicios basados en la nube, llegando a convertirse actualmente en un elemento fundamental en la seguridad de las aplicaciones que trabajan con datos en la nube sincronizando los datos con los equipos.

Los CASB se utilizan principalmente para:

- **Inicio de sesión único (SSO).** Los usuarios pueden autenticarse para obtener acceso a múltiples sistemas desde cualquier ubicación mediante el empleo de un identificador y una contraseña.
- **Cifrado.** Los datos que se guardan en el dispositivo se cifran mientras permanecen en el sistema de almacenamiento y cuando se desplazan por la red para evitar ataques man in the middle.
- **Herramientas de conformidad.** Dispone de herramientas que identifican a los sistemas que no cumplen con los requisitos de conformidad establecidos por los administradores del sistema.
- **Análisis de tráfico.** Incorporan herramientas que permiten analizar el comportamiento del tráfico y el comportamiento del usuario que ayudará a monitorizar cualquier anomalía que aparentemente pueda ser un ataque al sistema.

11.1. Funciones de los gestores de seguridad para el acceso a la nube

Los gestores de seguridad para el acceso a la nube ofrecen a los usuarios **cuatro funciones** principales que se conocen como los "pilares" de los CASB que pueden usarse como resumen acerca de las necesidades para proteger nuestros datos cuando se trabaja con datos en la nube.

- **Visibilidad.** Monitorizar y vigilar el uso que se hace de los recursos ayuda a detectar comportamientos que puedan ser sospechosos, archivos maliciosos o controles de acceso deficientes, por lo que se vuelve fundamental en la infraestructura de un sistema.

  Permite controlar los dispositivos conectados detectando aquellos que intentan acceder sin tener autorización. En ese caso, se pueden bloquear estos dispositivos y lanzar un aviso a los administradores del sistema.

- **Conformidad.** Garantizan la implementación de controles de acceso y monitorización necesarios para asegurar el cumplimento de la normativa vigente, puesto que descuidarla puede acarrear sanciones.

  No olvidemos que el alojamiento de datos en la nube exige el cumplimiento del Reglamento General de Protección de Datos y la Ley de Protección de Datos Personales y garantía de los derechos digitales.

- **Seguridad.** En la nube se pueden almacenar infinidad de datos tanto de carácter personal como profesional, por lo que la seguridad se vuelve un pilar importante en el almacenamiento de datos.

  Dentro de la seguridad se deben cuidar los controles de acceso, el cifrado de los datos, gestión de los permisos y protección de los datos que se almacenan, elementos que son supervisados por el propio sistema de seguridad de acceso a la nube (CASB), que detiene cualquier acceso indebido a los sistemas *cloud* empresariales.

- **Protección.** Gracias a la monitorización y a la detección de amenazas o de actividades sospechosas, el sistema es capaz de detectar y mitigar aquellas que se produzcan tanto dentro como fuera del sistema.

  Además, envía informes periódicos en los que se indican a los administradores patrones de comportamiento y perfiles de cada uno de los usuarios que acceden al sistema en la nube.

11.2. Características y beneficios de la implantación de un CASB

Cada día, las personas y empresas estamos más sensibilizadas con la protección de nuestros datos personales y el tratamiento que se hace de estos, lo que incluye a los datos que se almacenan en la nube, por lo que la implementación de un CASB nos ayuda a protegernos en los siguientes aspectos:

- *Shadow IT* **y aplicaciones externas.** Cuando aparecieron los CASB, las empresas los usaron para prevenir el denominado *shadow IT,* que consiste en la instalación de aplicaciones y servicios en la nube, pero que no han sido aprobados por los departamentos informáticos de las empresas, los usuarios instalaban lo que iban necesitando sin tener en cuenta los riesgos que conllevaban.

Es importante que los departamentos informáticos auditen las aplicaciones para asegurar el funcionamiento y establecer los permisos para tratar de conseguir el trabajo "seguro" en la nube.

- **Vulneración de cuentas.** Los ciberdelincuentes tratan de acceder a las aplicaciones y datos que se almacenan en la nube utilizando cuentas que se han visto comprometidas.

  Suelen llevarse a cabo mediante ataques de fuerza bruta mediante el intento de acceso con múltiples nombres de usuario y contraseñas para tratar de adivinar las credenciales de los usuarios, o mediante el empleo de *phishing* tratando de que los usuarios revelen sus datos de acceso mediante el uso de técnicas de ingeniería social.

- **Propiedad intelectual.** Un riesgo que afecta a todas las empresas y no exclusivamente en el campo informático es la pérdida o sustracción de datos corporativos delicados, diseños o secretos comerciales.

  La negligencia de los usuarios a la hora de compartir información alojada en la nube puede provocar un error de la cantidad o tipo de datos que deben compartirse, o los destinatarios que pueden tener acceso, permitiendo en algunos casos accesos mediante enlaces públicos de manera que cualquier persona que tenga el enlace puede acceder a dicha información sin ser un destinatario autorizado a dicha información.

- **Cumplimientos.** Las empresas quieren cumplir la normativa vigente sobre todo para evitar las posibles multas a las que se pueden enfrentar.

  Mediante los CASB pueden llevar a cabo una trazabilidad de los datos sabiendo cómo y con qué personas se han compartido los datos y el uso que se han hecho de estos.

- **Recursos.** Un CASB ayuda a planificar los recursos necesarios en cada momento para garantizar el rendimiento del servicio en la nube.

  También ayuda a los administradores en la supervisión de las amenazas y facilita herramientas y recursos que mitiguen los ataques en caso de que estos se produzcan.

Como hemos comentado anteriormente, un CASB incorpora todos los recursos de seguridad necesarios para proteger los datos alojados en la nube, incorporando cortafuegos, políticas de seguridad definidas por el usuario, controles de acceso, etc., por lo que su uso puede ayudarnos en:

1. **Dispositivos personales.** Si la empresa permite que sus trabajadores utilicen sus propios dispositivos (BYOD – *bring your own device),* un CASB los protege contra el *malware* sin interferir en la privacidad de los datos que los usuarios guardan en sus dispositivos.

   De esta manera los datos empresariales están protegidos y los datos de los empleados no se tocan.

2. **Pérdida de datos.** Identifica los datos delicados y obliga a los usuarios al cumplimiento de las políticas de seguridad y acceso a los datos de

manera que los usuarios se organizan en grupos según el tipo de acceso a estos datos delicados.

Los grupos habituales de acceso a los datos delicados para tratar de evitar la pérdida de datos son "autorizados", "bloqueados" o "acceso limitado".

3. **Bloqueo de *malware* y *ransomware.*** Este tipo de amenazas son bloqueadas por el CASB impidiendo la instalación de las aplicaciones sospechosas o que contengan este tipo de amenazas.

   Utilizan funciones de análisis en tiempo real, además de poner en cuarentena a los archivos sospechosos que puedan contener amenazas para los datos.

4. **Monitorización de comportamientos.** Los datos y programas que se utilizan en la nube necesitan monitorizar los parámetros de configuración y el comportamiento de los usuarios para detectar a los atacantes y bloquear el acceso a los archivos maliciosos que puedan encontrarse en el entorno *cloud.*

   En este tipo de sistemas no sirve la monitorización estática para detectar comportamientos sospechosos por parte de los usuarios o programas maliciosos que se puedan almacenar en los servidores de la nube.

5. **Cifrado.** Los sistemas CASB utilizan el cifrado de los datos siempre que se trabaje con ellos.

   Cuando se transmiten los datos, estos se cifran y cuando se almacenan en los servidores también se cifran para garantizar la seguridad de los datos.

6. **Validación de usuarios.** El acceso mediante la comprobación de la identidad del personal usando inicios de sesión únicos reforzados con la autenticación multifactor garantiza que únicamente acceden los empleados autorizados.

   Microsoft pone a disposición de los administradores de redes y servidores su herramienta *Active Directory* para gestionar los permisos de usuarios y accesos a los distintos elementos y datos que se almacenan en la red corporativa.

7. **Errores de configuración.** No identificar un error de configuración puede favorecer el acceso de un ciberdelincuente a los datos almacenados.

   Un CASB monitoriza las configuraciones incorrectas y alerta a los administradores para que las corrijan. En algún caso la propia herramienta lleva a cabo las modificaciones avisando a los administradores de estos cambios.

8. **Aplicaciones no autorizadas.** La monitorización en tiempo real ayuda a detectar accesos indebidos a los datos o cuando algún atacante intenta acceder a los sistemas desde una ubicación sospechosa.

12. Análisis de amenazas internas mediante sistemas UEBA *(user and entity behavior analytics)*

👉 HILO CONDUCTOR

Esta mañana, cuando Saïda ha ido a realizar los pedidos de los productos a los proveedores, le ha aparecido un mensaje en la pantalla indicándole que el equipo podía haber sido el destinatario de un ataque, por lo que, hasta que no realice una serie de verificaciones, no podrá continuar trabajando con él. Avisado Enric para que le echase una mano a solucionar el problema y seguir trabajando, se dan cuenta de que, debido a que el teclado no funciona correctamente, al pulsar ciertas teclas el carácter aparece repetido y se mueve el cursor de posición, por lo que el sistema de protección, debido a ese comportamiento, ha decidido bloquear el dispositivo creyendo que el equipo está en riesgo. Una vez detectado el fallo, cambiado el teclado por uno nuevo y reiniciado el sistema, ya pueden trabajar sin ningún tipo de problema.

- -

El sistema UEBA *(user events and behavior analytics)* consiste en analizar las amenazas basándonos en el comportamiento del usuario que incorpora el uso de algoritmos y el aprendizaje automático para detectar anomalías en cualquiera de los elementos (usuarios, servidores, *routers,* etc.) que intervienen en la transmisión de datos dentro de una red.

Podemos definir el sistema de acuerdo con sus iniciales para ver cómo abarca todos los aspectos relacionados con el intercambio de datos en las redes.

- **U - Users (Usuario).** Se centra en las acciones que lleva a cabo el usuario.
- **E – Equipment (Equipamiento).** Además de los usuarios, también se analizan otros elementos como *hosts,* dispositivos, etc.
- **B – Behavior (Comportamiento).** Estudio de los comportamientos y de la actividad llevada a cabo por los usuarios para tratar de encontrar aquellos que puedan ser maliciosos.
- **A – Advanced (Avanzado).** Análisis en tiempo real de los datos sin usar reglas estáticas.

IMPORTANTE

Para que funcione correctamente este sistema, debe **instalarse en todos los equipos** que se conectan a la red y, una vez instalado, este comienza a recopilar datos acerca del comportamiento del usuario de forma silenciosa de manera que sus algoritmos establecen los comportamientos que se deben considerar óptimos.

12.1. Elementos que componen una solución UEBA

Los elementos básicos que integran una solución UEBA son:

➲ **Analítica**

- Recopila y organiza los datos acerca del comportamiento habitual de los usuarios.
- Crea perfiles con los datos recopilados desarrollando modelos estadísticos que detectan comportamientos que no son los habituales.

➲ **Integración**

- Se debe integrar con otros productos y sistemas. No debemos olvidar que las empresas crecen y los sistemas evolucionan con el paso del tiempo.
- Los sistemas UEBA no quieren eliminar los programas y aplicaciones de seguridad que existan en el ámbito empresarial, sino que quieren integrarse con ellos para conseguir un sistema más fuerte contra los ciberataques.

➲ **Presentación**

- Proceso de notificación de los fallos del sistema y establecimiento de la respuesta automatizada que debe llevar a cabo.
- Puede ser crear una alerta o bloquear el acceso a la red en el caso de que se sospeche de un ciberataque.

El uso de un sistema UEBA nos va a permitir:

- **Detectar amenazas internas.** Cualquier persona o grupo que tenga acceso a los datos puede tratar de robarlos. Muchas veces pensamos que los ataques se producen desde fuera del entorno empresarial, sin darnos cuenta de que los propios empleados pueden ser una fuente de fuga de datos.
  Los sistemas UEBA tienen la capacidad de detectar robos de datos por los trabajadores propios de la empresa.

- **Detectar cuentas comprometidas.** Puede darse el caso de que el usuario haya instalado sin darse cuenta un *malware* en sus equipos o que la cuenta haya sido falsificada.
  Los sistemas UEBA nos ayudan a eliminar los usuarios comprometidos antes de que puedan acceder a los datos y comprometer los datos almacenados en el sistema.

- **Detectar ataques de fuerza bruta.** Los *hackers* utilizan cualquier tipo de ataque con tal de obtener sus objetivos. Los ataques de fuerza bruta son los más habituales y los que mayores rendimientos les producen.
  Usando UEBA podemos detectar ataques por fuerza bruta bloqueando los intentos de acceso mediante el análisis de la ubicación, dirección IP, etc.

- **Detectar cambios en los permisos y los usuarios.** Algunos ataques generan nuevos usuarios o superusuarios con permisos totales sobre los datos y la propia aplicación.
  UEBA nos permite detectar cuándo se crean usuarios nuevos o superusuarios, así como analizar los permisos de las distintas cuentas y analizar si son correctos o se deben modificar.

- **Detectar la violación de los datos protegidos.** Debemos monitorizar permanentemente el acceso a los datos. Hay que conocer cuándo un usuario accede a los datos protegidos cuando no tenga motivo alguno para hacerlo.

12.2. Fundamentos de una solución UEBA

El sistema UEBA se basa en la **detección de comportamientos,** lo que supera a los sistemas "tradicionales" de seguridad como cortafuegos, antivirus, cifrado o puertas de enlace, provocando que cualquier anomalía, por más insignificante que nos pueda parecer, se bloquee protegiendo a todos los equipos y dispositivos.

Implementar un sistema de análisis de amenazas internas mediante sistemas UEBA ofrece los siguientes **beneficios:**

- **Diversidad de ciberataques.** Un beneficio de utilizar UEBA es que permite la detección de una mayor cantidad de amenazas.
  Esto se debe a que el dispositivo, además de monitorizar las acciones que llevan a cabo los usuarios, también monitoriza todos los dispositivos que intervienen en la red como servidores, enrutadores, puntos finales y dispositivos de internet de las cosas (IoT).
- **Analistas de TI.** La implementación del aprendizaje automático y la inteligencia artificial ayuda a los administradores del sistema a desarrollar su trabajo, facilitando las labores de configuración y administración del sistema.
- **Reducción de costes.** Un ciberataque supone un coste importante para volver a conseguir que todos los sistemas vuelvan a funcionar con normalidad, por lo que el sistema UEBA, al paralizar el ataque, provoca que la empresa pueda funcionar con normalidad y no tenga que hacer frente a la reparación del sistema ahorrándose los costes que esta acción tiene asociados.
- **Reducción de riesgos.** Las medidas preventivas deben integrarse entre ellas para hacer frente a la mayor cantidad posible de ciberamenazas.
  No debemos olvidar que las amenazas cada vez son más complejas y difíciles de paralizar, sobre todo cuando los empleados trabajan desde ubicaciones externas a la propia empresa.

 **PARA SABER MÁS**

Puedes leer un artículo acerca de la identificación de amenazas avanzadas con el análisis de comportamiento de usuarios y entidades (UEBA) en Microsoft Sentinel accediendo desde aquí:

https://redirectoronline.com/ifct890412

13. Implantación generalizada de autenticación multifactor física en entornos críticos

👉 HILO CONDUCTOR

Enric anda un poco enfadado, puesto que, al acceder a su cuenta bancaria, le están solicitando que se autentique de diferentes formas para demostrar que es él. Saïda le comenta que este método es obligatorio, además de considerarse una buena práctica para proteger el acceso a nuestros datos y que lleva tiempo implementado en las entidades bancarias y en los comercios *online*. Además, le indica que se tiene que ir acostumbrando, puesto que Google ha notificado a los usuarios que para usar sus servicios será obligatoria la autenticación en dos pasos a partir del próximo mes.

- -

La **autenticación multifactor o MFA** *(multi factor authentication)* es un método de autenticación electrónica en el que el usuario necesita superar varias capas de seguridad para poder acceder a la información de forma que se dificulte el acceso a los datos a personas no autorizadas.

IMPORTANTE

La autenticación multifactor es más segura que un inicio de sesión usando un identificador y una contraseña.

- -

¿Cómo gestionas tus contraseñas?, ¿siempre es la misma o cambia para aplicación o servicio? Los ciberdelincuentes son conocedores de esta mala costumbre, por lo que, usando herramientas automatizadas, pueden obtener la identificación y la contraseña del usuario sin ningún tipo de esfuerzo.

 **EJEMPLO**

En la página Insecam se puede acceder a diversas cámaras de seguridad instaladas en todo el mundo. Esto es debido a que no han cambiado la contraseña por defecto o porque no tienen, y se puede ver lo que están observando en tiempo real.

1. Contraseña → 2. Prueba → 3. Acceso concedido

 **PARA SABER MÁS**

Puedes visitar la página web How Secure is My Password, en la que podrás ver la estimación del tiempo en el que un ciberatacante tardaría en averiguar tu contraseña. Para ello accede desde aquí:

https://redirectoronline.com/ifct890413

13.1. Factores de autenticación

Los **factores de autenticación** que habitualmente se utilizan en un sistema multifactor son:

➲ **Factor de conocimiento.** La autenticación basada en el conocimiento requiere que el usuario responda a una pregunta personal de seguridad. Pueden incorporar contraseñas, números de identificación personal (PIN – *personal identification number),* contraseñas de un solo uso.

Este tipo de factor es el más usado en las tarjetas de las entidades financieras cuando se desea operar con ellas.

➲ **Factor de posesión.** Los usuarios deben tener un elemento específico para poder iniciar sesión como puede ser un *smartphone* o una tarjeta inteligente, o incluso un chip integrado en un objeto como puede ser el que tenemos en nuestro documento nacional de identidad.

Este tipo de factor se suelen utilizar juntamente con el factor de conocimiento.

➲ **Factor de inherencia.** Cualquier rasgo biológico que el usuario haya establecido como elemento que le permite acceder a la información. La biometría se usa como elemento fundamental que se basa en el reconocimiento de elementos que hacen al usuario único, como sus huellas dactilares o su retina.

El más usado es el escaneo de huellas dactilares, aunque también podemos encontrar el reconocimiento facial, análisis de la geometría de la mano o el escaneo de la retina o del iris del ojo y la autenticación por voz.

➲ **Factor de ubicación.** Se sugiere como cuarto factor de autenticación y se basa en la geolocalización del usuario aprovechando que el dispositivo nos acompaña de forma habitual en nuestro día a día, lo que permite establecer la ubicación del usuario a través del sistema de posicionamiento global de una manera certera.

Para detectar la ubicación del usuario, además del sistema de posicionamiento global, también se utiliza la dirección IP desde donde se conecta, o la dirección MAC de su equipo.

➲ **Factor de tiempo.** La autenticación que utiliza el factor de tiempo se basa en probar la identidad de una persona dependiendo de su ubicación en un momento puntual.

Este tipo de bloqueos se utilizan mucho para tratar de evitar los fraudes bancarios. Evitan la posibilidad de que puedas realizar un pago en un comercio de Madrid y a los 15 minutos pagar en otro en Sevilla.

➲ **Factor de comportamiento.** Este factor es menos conocido y utilizado. Se basa en identificar al usuario analizando las acciones que lleva a cabo, entre las que se encuentran la velocidad de escritura, los movimientos del ratón, dinámicas de tecleo o los patrones de habla.

NOTA

Aunque este tipo de autenticación fortalece la seguridad de nuestros datos y las transacciones que llevamos a cabo en internet, tiene el **inconveniente** de que a menudo olvidamos las contraseñas, las respuestas a las preguntas personales o las compartimos con otras personas.

- -

TAREA 7

Isabel sigue revisando la ciberseguridad en su empresa y ha detectado que todos los servicios utilizan el mismo usuario y contraseña para permitir que todos los trabajadores tengan acceso a la información. Este método de trabajo dificulta bastante establecer responsabilidades ante cualquier tipo de incidente, por lo que, como lo considera prioritario, también incluirá en su informe la necesidad de implementar la autenticación multifactor en los equipos y sistemas.

¿Puedes ayudar a Isabel a establecer las ventajas e inconvenientes que tiene la implementación de un método de autenticación multifactor en su empresa?

----

14. El coronavirus (COVID-19) lo ha cambiado todo (teletrabajo y la ciberresiliencia)

👉 HILO CONDUCTOR

Enric y Saïda han terminado de trabajar por hoy y se van a sus domicilios, y de camino comentan que ha descendido la cantidad de personas que entran a la cafetería por las mañanas debido en gran parte a la posibilidad que están ofreciendo las empresas para teletrabajar. Ambos se preguntan si las empresas habrán tenido en cuenta el grado de protección de los equipos que utilizan los trabajadores para conectarse a las infraestructuras empresariales, porque los que se conectan desde la cafetería no garantizan la seguridad al cien por cien, puesto que los equipos que hay en la cafetería son los que instalan los operadores de telefonía por defecto y no se han aplicado configuraciones específicas que protejan todos los equipos porque para ellos es imposible.

Debido a la pandemia de la COVID-19, las empresas tuvieron que tomar medidas excepcionales a la hora de realizar el trabajo, lo que supuso un aumento del **teletrabajo.** La implementación del teletrabajo se hizo de manera atropellada sin evaluar si la empresa lo podía llevar a cabo manteniendo la seguridad y la privacidad de los datos y dispositivos controlados.

14.1. El teletrabajo

Habitualmente, cuando se hace referencia al teletrabajo, pensamos errónea-mente en que es lo mismo que el trabajo a distancia, puesto que en ambos casos se pueden utilizar equipos informáticos, pero su diferencia principal es el tipo de supervisión del desarrollo de la actividad laboral.

 **NOTA**

Según el artículo 13 del Estatuto de los Trabajadores, tendrá la consideración de trabajo a distancia aquel en el que el desarrollo de la actividad laboral se realice de forma mayoritaria en el domicilio del trabajador o en el lugar libre-mente elegido por este, de modo alternativo al centro de trabajo empresarial.

Esta nueva forma de trabajar provocó que de forma involuntaria se creasen importantes **brechas de seguridad** que fueron y siguen siendo aprovecha-das por los ciberdelincuentes para obtener información tanto empresarial como personal, hasta el punto de que el Foro Económico Mundial (FEM) estima que las amenazas se han incrementado en un 238 %.

 **DEFINICIÓN**

Trabajo a distancia
El trabajador desarrolla su actividad laboral en su domicilio o lugar elegido de forma regular y sin supervisión por parte de la empresa.

Teletrabajo
El trabajador desarrolla su actividad laboral mediante el uso de sistemas in-formáticos y este es supervisado por parte de la empresa, sin perder de vista que en este supuesto el espacio de trabajo puede ser asignado por la empresa.

Aunque el teletrabajo existe desde hace décadas, la pandemia lo convirtió en una tendencia marcada del mercado laboral.

La mayor parte de los ciberataques que se llevaron a cabo en la época de pandemia fueron mediante **ingeniería social,** suplantando correos corporativos y mediante las **redes sociales,** debido en gran parte al uso de los equipos empresariales en entornos desprotegidos.

Algunos consejos para poder teletrabajar de forma segura son:

- **Uso personal y profesional.** Los dispositivos únicamente se usarán para acciones profesionales.
- **Antimalware.** El *firewall* se debe mantener actualizado y no instalar *software* desde páginas no seguras o sitios no oficiales.
- **Copias de seguridad.** Se deben realizar regularmente en diferentes ubicaciones.
- **Canales de comunicación.** Deben usarse los canales de comunicación autorizados y no canales alternativos como aplicaciones de mensajería.
- **Cierre de sesión.** Se debe cerrar la sesión en todos los dispositivos en los que se trabaje cuando se finalice su uso.
- **Correo electrónico.** Se debe extremar la precaución cuando recibamos correos electrónicos, especialmente si no son esperados o de personas desconocidas.
- **Autenticación de doble factor.** Se debe habilitar para no depender exclusivamente de una contraseña que es fácilmente descubierta.
- **Mantenimiento de los equipos.** Los dispositivos deben cuidarse y mantenerse actualizados.
- **Normativa de seguridad.** Se deben seguir los procedimientos y la normativa interna de la empresa en lo que se refiere a la seguridad de los dispositivos e infraestructuras.
- **Incidencias.** Se deben seguir los procedimientos establecidos ante cualquier incidencia o fallo anormal de los equipos.

PARA SABER MÁS

El Centro Criptológico Nacional (CCN-CERT) publica anualmente el informe sobre las ciberamenazas y sus tendencias. Puedes consultarlo accediendo desde aquí:

https://redirectoronline.com/ifct890414

_____

14.2. Ciberresiliencia

La **ciberresiliencia** es la capacidad que nos permite anticiparnos a las amenazas, hacer frente a los ataques y responder lo más rápidamente posible para tratar de conseguir un tiempo de actividad nulo o casi. Esto nos obliga a ser **proactivos** y tener un **compromiso activo** frente a la ciberseguridad.

La ciberresiliencia se está aplicando a distintos sectores como médicos, entidades financieras, etc.

Por lo tanto, podemos establecer que la **ciberresiliencia o resistencia cibernética** es una **medida preventiva** que trata de contrarrestar los errores humanos, así como el *software* y el *hardware* inseguros de la infraestructura.

[155]

Implantación y evaluación de la ciberresiliencia

No podemos generalizar un proceso para implantar la ciberresiliencia en las empresas debido a las particularidades de cada una de ellas, pero podemos establecer que toda implantación debe tener en cuenta las siguientes etapas:

1. Organizar los servicios por prioridad dependiendo de las consecuencias que supone su pérdida o deterioro.
2. Enumerar y priorizar dependiendo de su criticidad las amenazas que afectan a los servicios.
3. Implementar acciones preventivas contra las amenazas actuales y establecer los procedimientos que se deben llevar a cabo para las futuras.
4. Establecer procedimientos de actuación ante incidentes para tratar de reducir los daños que puedan provocar.
5. Detectar de forma continua las posibles vulnerabilidades del sistema para solventarlas y reducir el número de equipos afectados por el ataque.
6. Llevar a cabo procesos de comunicación dentro de la empresa para notificar los incidentes de seguridad y poder actuar a la mayor brevedad posible.
7. Llevar a cabo acciones de mejora encaminadas a la minimización de los riesgos.

La **evaluación de la ciberresiliencia de una empresa** nos permitirá detectar los procesos que presentan fallos de seguridad y sobre los que se implementarán cambios para mitigar los incidentes antes de que estos sucedan. Para llevar a cabo esta evaluación se puede utilizar un **modelo de madurez,** que establece los siguientes niveles:

⮩ **L0 - Inexistente:**

   ↻ No se han establecido requisitos de ciberresiliencia.

⮩ **L1 - Inicial:**

   ↻ Se ha iniciado el proceso de identificación de requisitos de ciberresiliencia.
   ↻ Ante una situación de emergencia, su éxito o fracaso va a depender de la competencia y del grado de colaboración de las personas por ayudar.

⮩ **L2 - Repetible:**

   ↻ Se han establecido requisitos de ciberresiliencia, pero no se han documentado.

◗ Se establece una pauta de actuación cuando sucedan las mismas características.

⮎ **L3 – Definido:**

◗ Los requisitos de ciberresiliencia están documentados y se mantienen actualizados.
◗ Se define un procedimiento actualizado adecuado a los procesos particulares de cada integrante de la organización.

⮎ **L4 – Gestionado:**

◗ Se gestionan, actualizan y verifican los requisitos de ciberresiliencia.
◗ Se establecen unos objetivos y se mide su grado de consecución para analizar la eficacia y la eficiencia de los procesos.

⮎ **L5 – Optimizado:**

◗ Se llevan a cabo acciones de mejora en la definición de los requisitos de ciberresiliencia.
◗ Se lleva a cabo una mejora de los procesos basándose en el grado de consecución de los objetivos y de su eficiencia y eficacia.

 SABÍAS QUE...

Puedes consultar los indicadores para la mejora de la ciberresiliencia utilizados por el Instituto Nacional de Ciberseguridad INCIBE en la siguiente página, o descargarte la guía sobre la metodología de la evaluación IMC.

15. Resumen

La inteligencia artificial avanza rápidamente, cada día aparecen aplicaciones que la implementan, lo que obliga a que la ciberseguridad avance al mismo ritmo para proteger los datos al utilizarla.

Los ataques más habituales a los que se enfrentan los responsables de los departamentos informáticos se pueden clasificar en:

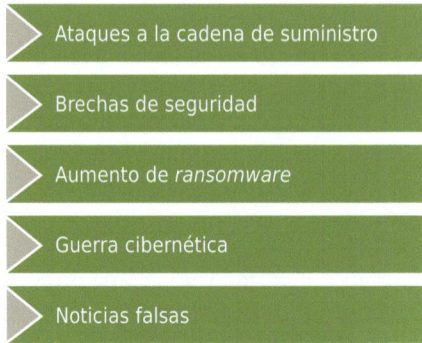

Ataques a la cadena de suministro

Brechas de seguridad

Aumento de *ransomware*

Guerra cibernética

Noticias falsas

A los atacantes de un sistema informático se les denomina *hackers* o piratas, como a las personas que tratan de interceptar la navegación. Además, encontramos otros atacantes:

De sistemas

De criptografía

Phreaker

Cyberpunk

Lammer

Trasher

Insiders

Actualmente no hay un número suficiente de especialistas en ciberseguridad, aunque gracias al esfuerzo que se está llevando a cabo en las empresas y en los organismos públicos para establecer una formación adecuada, se espera que esta falta de profesionales se supere en los próximos años.

Se debe destacar la computación cuántica como aquella que tiene la capacidad de gestionar una gran cantidad de datos gracias a la inclusión de los principios de la computación cuántica y cuya unidad de medida es el qubit.

Para proteger los datos que se encuentran en la nube podemos usar los gestores de seguridad para el acceso a la nube (CASB) o el sistema UEBA *(user events and behavior analytics)* consistente en el análisis del comportamiento del usuario.

La autenticación multifactor o MFA *(multi factor authentication)* es un método que establece distintas capas de protección para acceder a los datos para dificultar el acceso de las personas no autorizadas. Este modelo es más seguro que un inicio de sesión usando un identificador y una contraseña.

La adecuación a la manera de trabajar de las empresas debida a la pandemia de la COVID-19 supuso un aumento importante del teletrabajo, pero también de los equipos atacados, ya que se olvidó de asegurar los equipos e infraestructuras de las empresas y de los trabajadores.

La ciberseguridad se basa en cuatro elementos principales:

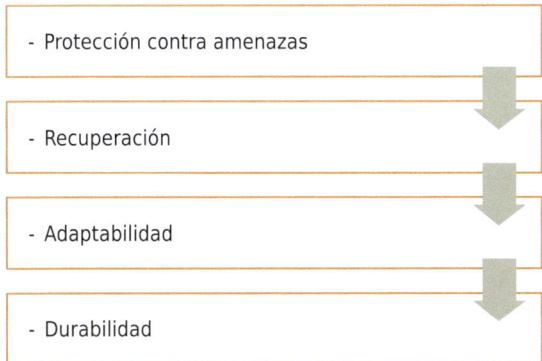

Ejercicios de autoevaluación
Unidad de Aprendizaje 4

1. Las bases de datos se organizan mediante...

   a. ... tablas, filas y columnas.
   b. ... tablas, filas, columnas y celdas.
   c. ... filas y celdas.
   d. ... sistemas alfabéticos o aleatorios.

2. La herramienta que permite detectar amenazas y comportamientos inadecuados es...

   a. ... el aprendizaje automático.
   b. ... la ciberseguridad.
   c. ... la inteligencia artificial.
   d. ... los sistemas de *malware*.

3. Entre los ataques que más sufren las empresas se encuentran...

   a. ... brechas de seguridad.
   b. ... noticias falsas.
   c. ... ataques a la cadena de suministro.
   d. Todas las opciones son correctas.

4. Los *crackers* informáticos especializados en telefonía se denominan...

   a. ... *ciberpunks*.
   b. ... *phreakers*.
   c. ... criptográficos.
   d. ... *lammers*.

5. La acreditación que certifica las capacidades de identificación y evaluación de los riesgos de una organización es:

   a. CISM – *(Certified Information Security Manager)*
   b. CEH – *(Certified Ethical Hacker)*
   c. CRISC – *(Certified in Risk and Information Security Control)*
   d. CISSP – *(Certified Information Systems Security Professional)*

6. **La ley europea que establece los requisitos y estándares que deben cumplir los productos con componentes digitales es:**

   a. Ley de Ciberresilencia.
   b. Ley de Protección de Datos Digitales.
   c. Ley de Sistemas Tecnológicos.
   d. Ley de Protección contra la Explotación de Vulnerabilidades.

7. **La computación cuántica utiliza como unidad de medida...**

   a. ... el bit cuántico.
   b. ... el qubit.
   c. ... el quera.
   d. ... el byte cuántico.

8. **Una ventaja en el uso de las redes autoadaptables es que...**

   a. ... solo analizan los datos que emiten los dispositivos.
   b. ... realizan una protección reactiva.
   c. ... realizan una protección proactiva.
   d. ... solo analizan los datos que reciben los dispositivos.

9. **El sistema de análisis basado en el comportamiento del usuario se denomina...**

   a. ... UEBA – análisis de amenazas internas.
   b. ... CASB – gestor de seguridad para el acceso *cloud*.
   c. ... *shadow IT*.
   d. ... inteligencia artificial.

10. **Entre los distintos factores de autenticación multifactor se encuentra...**

    a. ... el de control.
    b. ... el de conocimiento.
    c. ... el de personalización.
    d. ... el de integración.

Glosario

Amenaza

Vulnerabilidad que consigue llevar a cabo su objetivo.

Amenazas externas

Aquellas que se originan fuera de la red.

Amenazas internas

Aquellas cuyo origen se localiza dentro de la red.

Antivirus

Base de datos en la que se almacenan los virus conocidos y que permite detectarlos y eliminarlos de un sistema.

Auditoría

Proceso mediante el cual se analiza la seguridad de una empresa o sistema informático.

Autenticidad

Proceso que permite garantizar la validez de la información que se transmite y se utiliza en un sistema.

Ciberseguridad

Capacidad de minimizar los riesgos a los que está expuesta la información ante un ataque o incidente informático.

Control

Componente que garantiza que únicamente los usuarios autorizados pueden acceder a una información determinada.

Cracker

Ciberdelincuente cuyo objetivo es provocar daños en los objetivos atacados.

Criptografía
Ciencia consistente en transformar los mensajes para protegerlos mediante el uso de claves que únicamente el emisor y el receptor conocen.

Disponibilidad
Característica que garantiza que todos los usuarios pueden acceder a los datos o recursos cuando quieran.

Firewall
Sistema de seguridad que protege a las redes de transmisión de datos de acuerdo con la política de seguridad establecida.

Hacker
Persona experta en el manejo de equipos informáticos encargada de la seguridad de los sistemas y corregir la vulnerabilidad de estos.

IDS
Sistema de supervisión contra la intrusión en sistemas informáticos en tiempo real.

Insider
Persona perteneciente a una organización que ataca desde su interior a los componentes del sistema informático.

Integridad
Característica que garantiza que los componentes del sistema no están alterados a no ser que se modifiquen por los usuarios autorizados.

IPS
Sistema de supervisión contra la intrusión en redes informáticas en tiempo real.

Métodos criptográficos asimétricos
Sistemas de criptografía en los que se utilizan distintas claves para cifrar y descifrar los datos.

Métodos criptográficos simétricos
Sistemas de criptografía en los que se utiliza la misma clave para el cifrado y descifrado de los datos.

No repudio
Condición de la información que asegura que la información es enviada por el emisor y recibida por el receptor sin que ninguno de ellos pueda negar que ha realizado la acción que ha llevado a cabo.

Penetration testing
Técnicas encaminadas a realizar una evaluación de las debilidades de los sistemas informáticos.

Phreaker
Ciberatacante especializado en ataques a través de la telefonía.

Pirata informático
Persona que altera *software* protegido por las leyes de *copyright*.

Privacidad
Condición que garantiza que los componentes del sistema exclusivamente son accesibles por los usuarios autorizados.

Protocolo
Condiciones que se deben cumplir para que se lleve a cabo el intercambio de información entre varios equipos informáticos.

Seguridad de la información
Conjunto de medidas preventivas para proteger la información, entre las que se encuentran la confidencialidad, la disponibilidad y la integridad de esta.

Seguridad física
Aplicación de procedimientos y medidas de prevención contra las amenazas a los recursos e información de un sistema.

Sistema operativo
Conjunto de programas o aplicaciones que hacen de intermediarios para que el usuario sea capaz de trabajar con el equipo informático.

Virus
Programa malicioso que incluye en su código elementos que permiten alterar la información o causar daños en los programas y aplicaciones instalados en un equipo o sistema informático.

Vulnerabilidad
Capacidad de los sistemas de sufrir un daño provocado por un ataque informático y que es explotada por los ciberdelincuentes para lograr el acceso y conseguir sus objetivos.

Bibliografía

Monografías

→ CABALLERO Velasco, M. A. y CILLEROS Serrano, D.: *El libro del hacker.* Madrid: Anaya Multimedia, 2021.

> Libro que muestra los conceptos básicos de la ciberseguridad y de las técnicas de hacking para ayudar a empresas y ciudadanos a proteger su información.

→ KISEWR, Q.: *Redes de ordenadores y ciberseguridad: Una guía sobre los sistemas de comunicación, las conexiones a internet, la seguridad de las redes, protección contra el hackeo y las amenazas de ciberseguridad.* Michigan: Independently Published, 2021.

> Este material recoge los fundamentos básicos relacionados con la seguridad de las redes informáticas.

→ MITNICK, K. y VAMOSI, R.: *El arte de la invisibilidad.* Madrid: Anaya Multimedia, 2018.

> En este libro, escrito por el hacker más famoso a nivel mundial, nos enseña algunos conceptos básicos sobre ciberseguridad.

→ PEIRANO, M.: *El enemigo conoce el sistema.* Barcelona: Debate, 2019.

> En esta obra se muestra cómo sin darnos cuenta se utilizan los datos que se generan con la navegación y con el uso de los dispositivos móviles para vigilar y controlar a la población.

→ POSTIGO Palacios, A.: *Seguridad informática.* Madrid: Paraninfo, 2020.

> Esta obra nos ayuda conocer las distintas técnicas y herramientas para garantizar la seguridad de los equipos y redes con las que se comunican los equipos.

Textos electrónicos, bases de datos y programas informáticos

→ Ciber_Amenazas y Tendencias, de:
<https://www.ccn-cert.cni.es/ca/informes-ca/publics/7274-ccn-cert-ia-04-24-ciberamenazas-y-tendencias-edicion-2024/file.html>.

> Informe correspondiente al año 2024 del Centro Criptológico Nacional donde se analizan las ciberamenazas nacionales e internacionales, su evolución y la tendencia futura.

→ ENISA Threat Landscape 2023, de:
<https://www.enisa.europa.eu/sites/default/files/publications/ENISA%20Threat%20Landscape%202023.pdf>.

> Publicación correspondiente al año 2022 donde se analiza el estado de las amenazas de ciberseguridad, identificando las principales amenazas y las tendencias de estas.

→ Gestión del riesgo y evaluación de impacto en tratamientos de datos personales, de:
<https://www.aepd.es/guias/gestion-riesgo-y-evaluacion-impacto-en-tratamientos-datos-personales.pdf>.

> Publicación de la Agencia Española de Protección de Datos donde se ofrece información acerca de la manera en la que se deben gestionar los riesgos teniendo en cuenta el tratamiento que se haga de los datos personales.

→ Guía de ciberataques, de:
<https://www.incibe.es/sites/default/files/docs/guia-ciberataques/osi-guia-ciberataques.pdf>.

> Guía sobre los distintos tipos de ciberataques y todo lo que debemos saber sobre ellos a nivel de usuario.

→ Guía del Instituto Nacional de Ciberseguridad (INCIBE) en el que se desarrolla la metodología de evaluación y sus indicadores para mejorar la ciberresiliencia, de:
<https://www.incibe.es/sites/default/files/contenidos/guias/doc/guia_glosario_ciberseguridad_2021.pdf>.

> Publicación del Instituto Nacional de Ciberseguridad donde se recogen los distintos términos con los que nos debemos familiarizar relativos al campo de la ciberseguridad.

→ Introducción a la computación cuántica, de:
<https://hdl.handle.net/20.500.14352/3166>.

> Trabajo fin de grado de Rebeca Carpio López en el que se realiza una introducción a la computación cuántica.

→ La guía sobre los principales vectores de ataque de su organización, de: <https://f.hubspotusercontent40.net/hubfs/514643/WP_VECTORES_ ATAQUE_ES.pdf>.

Publicación en la que la empresa Wallix Group, dedicada a las soluciones de ciberseguridad, analiza los distintos vectores de ataque que podemos encontrar.

→ Los diez vectores de ataque más utilizados por los ciberdelincuentes, de: <https://www.incibe.es/empresas/blog/los-10-vectores-ataque-mas-utilizados-los-ciberdelincuentes>.

Publicación en el blog del Instituto Nacional de Ciberseguridad en el que se abordan los diez vectores de ataque más utilizados por los ciberdelincuentes.

→ Metodología de evaluación de indicadores para mejora de la ciberresiliencia, de: <https://www.incibe.es/sites/default/files/paginas/publicaciones/ensi/ imc_01_metodologia-evaluacion.pdf>.

Publicación perteneciente al INCIBE en donde se explica la metodología para evaluar la ciberresiliencia de organizaciones relativa a sus sistemas de control industrial y sistemas TIC.

→ Seguridad en dispositivos móviles, de: <https://openaccess.uoc.edu/bitstream/10609/107326/6/ mgarciagarcia45TFM0120memoria.pdf>.

Trabajo fin de máster de Mario García García en el que se aborda el análisis de riesgos, de vulnerabilidades y auditorías a las que se enfrentan los dispositivos móviles que usamos de manera habitual.

→ *Smartphones* y tabletas, de: <https://www.incibe.es/ciudadania/formacion/guias/guia-para-configurar-dispositivos-moviles>.

Artículo del blog de la Oficina de Seguridad del Internauta en el que se pueden encontrar una serie de recomendaciones para proteger nuestros *smartphones* y *tablets*.